Yannick Bourgaut

Les oiseaux de mer et des rivages

Photographies de l'auteur

3

Avant-Propos

Les oiseaux de mer

Dans cet ouvrage, le terme «oiseaux de mer» ne désigne pas une catégorie bien précise d'oiseaux strictement inféodés à la mer, tels les albatros, pétrels, puffins ou alcidés, mais il est pris au sens large du terme, englobant tous les oiseaux ayant un rapport, de par leur mode de vie, plus ou moins direct avec l'élément marin, pour leur nourriture, leur reproduction ou leur sécurité.

Nous y trouverons donc des oiseaux vivant en haute mer (pétrels), des oiseaux du littoral (goélands, cormorans), et des oiseaux ne se trouvant que sur la frange du littoral, comme la plupart des petits échassiers. Puis d'autres encore, passant alternativement du milieu marin aux eaux douces ou saumâtres, tels certains canards.

Les oiseaux, tous ensemble, offrent une grand diversité de taille, couleur et forme. Il n'est guère facile au promeneur d'identifier chacun d'eux correctement.

Cet ouvrage n'a pas la prétention d'être un ouvrage scientifique, ni un guide complet de détermination de tous les oiseaux marins d'Europe, mais il permettra aux personnes s'intéressant aux oiseaux de mer de reconnaître la plupart de ceux qui fréquentent notre pays, soit comme nicheurs, migrateurs, ou hivernants.

Observation des oiseaux de mer

En général, les oiseaux sont plus faciles à observer que les mammifères (plus craintifs et de mœurs souvent nocturnes).

Pourtant, cela dépend beaucoup du milieu environnant.

Il n'est pas simple de distinguer dans un bois l'oiseau sur la branche, ou les perdrix tapies dans le blé naissant.

Par contre, au bord de le mer, en vol ou posé, l'oiseau sera toujours le premier remarqué. Mouettes ou goélands sont omniprésents, se rassemblant parfois par milliers dans certains lieux propices, tels que les ports ou les baies abritées.

Peu farouches, ils sont habitués à la présence humaine.

Pour le profane, ils se ressemblent tous. Mais pour celui qui sait les regarder de plus près, les différences de taille, forme, couleurs, sont évidentes, et l'on est tenté d'en savoir plus.

Identification

Beaucoup d'espèces seront facilement identifiables sans moyen d'optique, mais dans la plupart des cas, ce ne sera qu'une identification partielle: on verra bien une mouette, mais laquelle?

Une paire de jumelles rapprochant dix fois sera nécessaire, voire même indispensable. A cet effet, les 10×40 ou 10×50 sont excellentes et très lumineuses; les grossissements supérieurs en font des instruments lourds et peu stables.

L'amateur averti aura tout intérêt à leur préférer un bon télescope, rapprochement de 20 à 40 fois, et un solide trépied.

Un carnet où il pourra noter ses observations est indispensable, pour les croquis, dates et comportements.

Munis de ce matériel, on peut alors aborder le terrain.

De préférence, de bonne heure le matin et à marée haute (les oiseaux étant plus groupés). Une plage, un port ou tout autre lieu de rassemblement. Il faudra alors bien observer pour une identification correcte des oiseaux.

1) La taille
Il faut toujours évaluer la taille d'un oiseau inconnu par rapport à celui qui nous est familier (moineau, pigeon, canard, vus au moins par tout le monde).

2) La couleur
Claire, sombre, unie, bariolée et la disposition de ces couleurs.

Plongeon imbrin (en haut à gauche)   Grand cormoran (en haut)▶
Pétrel fulmar (en haut à droite)   Cormoran huppé (en bas à gauche)
Fou de Bassan (en bas)   Cygne tuberculé (en bas à droite)

6

3) La silhouette générale
 Sa forme est-elle celle d'un canard, d'un échassier ou d'un rapace ?
 Déjà munis de ces renseignements il faudra s'attacher plus particulièrement à la longueur du bec et à sa forme, à la longueur des pattes et à leur couleur, ainsi qu'à la longeur de la queue (par rapport à celle du corps) et à la présence ou non de barres alaires au milieu dans lequel l'oiseau évolue. C'est alors que l'identification deviendra correcte et permettra de progresser.
 Par la suite, l'éventuelle inscription dans un groupe ornithologique régional, organisant souvent des sorties «sur le terrain» vous fera entrer pleinement dans cette passionnante occupation qu'est l'ornithologie de terrain.

Les Plongeons

Ordre des Gaviformes. Famille des Gavidés

Les plongeons sont des oiseaux qui se reproduisent dans le nord de l'Europe; ils fréquentent nos rivages de l'automne à la fin du printemps.

Il en existe trois espèces:
— le plongeon arctique,
— le plongeon catmarin,
— le plongeon imbrin.

Tous passent leur vie entière dans l'eau, et sont morphologiquement adaptés à ce fait. Leurs pattes se situent très en arrière du corps; ils ne vont à terre que pour nicher et se traînent plutôt qu'ils ne marchent. Ils font une grande consommation de poissons de diverses sortes, ainsi que de petites proies animales, telles que mollusques, crabes... Ce sont des oiseaux habituellement silencieux, sauf en période de reproduction, où ils émettent une série de cris gutturaux que l'on entend de très loin.

Le plongeon imbrin

Gavia immer

Des trois plongeons qui fréquentent nos côtes l'hiver, le plongeon imbrin est le plus grand, de la taille d'une petite oie (longueur environ 90 cm pour une envergure de 1,30 m), et le plus rare.

En plumage nuptial, il n'est visible qu'au mois d'avril, lorsqu'il remonte nicher vers le nord.

On le reconnaît aisément à sa tête très noire aux reflets métalliques, et surtout à son gros bec gris beuâtre terminé par une pointe noire. Le cou est marqué d'un collier blanc l'hiver et il se distingue alors difficilement des deux autres, sinon par la taille.

Le dessus de son corps est d'un gris uniforme, le dessous blanc.

C'est un plongeur, comme son nom l'indique, qui reste facilement quelques minutes sous l'eau pourchasser ses proies.

Préférant les baies et les criques où l'eau est plus claire qu'au large, et les eaux peu profondes, pour attraper toutes sortes de petits poissons et crustacés. Quelques plantes aquatiques complètent sa nourriture.

◀ Cygne sauvage (en haut)
Cygne de Bewick (en bas)

Oie cendrée (en haut)
Oie rieuse (en bas)

Les Pétrels
(Ordre des Procélariiformes)

Ces oiseaux aux mœurs nocturnes, exclusivement marins, ne viennent à terre que pour reproduire, sur le rocher nu ou dans une crevasse.

Ils pondent un œuf unique dont l'incubation est très longue, tout comme le développement du poussin.

Les deux narines tubulaires forment une excroissance au-dessus du bec : cette particularité est la caratéristique du genre.

Le Pétrel fulmar
Fulmarus glacialis

Cet oiseau ressemble d'assez loin au goéland argenté dont il a la silhouette en vol, mais non la légèreté, la même taille, ainsi que la couleur. Mis à part ces similitudes, il a le cou beaucoup plus court, le plumage gris argenté dessus, avec les rémiges plus claires mais à peine marquées.

Le dessous de son corps est blanc. Il existe deux variétés de plumage : celle décrite ci-dessus et une plus sombre, donnant un gris bleu uniforme, se rencontrant plus rarement en France.

La queue est courte, de forme légèrement carrée et plus blanche que le reste du corps ; les pattes sont d'un gris jaunâtre.

La grosse tête ronde, le coin de l'œil marqué de noir, le bec avec ses deux narines tubulaires volumineuses, sont caratéristiques de l'espèce.

Au XVIIIe siècle, cet oiseau nichait dans le grand Nord et dans l'île de Grimsey située au large de l'Islande.

En peu de temps, à peine quelques décennies, il s'installa aux îles Hébrides, aux Féroé, aux îles Shetland en 1879, aux Orcades en 1900, et dans le Norfolk en Angleterre en 1945.

Sa progression ne cesse de s'étendre et c'est en 1959 que l'on put voir le premier individu au cap Fréhel, pour y constater sa reproduction seulement en 1969.

A ce jour, une petite colonie y prospère régulièrement.

En France, on compte actuellement une centaine de couples reproducteurs.

Les spécialistes supposent que c'est grâce au développement de la pêche hauturière industrielle que cette expansion démographique sans précédent s'est accomplie. Il se nourrit de déchets de poisson que les bateaux de pêche laissent dans leur sillage, et de toutes autres proies qu'il picore à la surface de la mer.

Les Fous et Cormorans
(Ordre des Pélicaniformes)

Oiseaux de grande taille avec comme caractéristique une palmure réunissant les quatre doigts entre eux, contrairement aux autres espèces de palmipèdes n'ayant que trois doigts réunis.

La plupart des espèces se reproduisent en colonies importantes sur les îles ou les falaises maritimes.

Les jeunes naissent nus, se couvrant par la suite de duvet.

Nourriture uniquement composée de poissons.

Le fou de Bassan
Sula bassana

Sa taille est celle d'une oie.

Le mâle et la femelle ont des plumages identiques ; l'ensemble du corps est d'un blanc pur ; cette blancheur permet de le distinguer des goélands, lorsqu'on l'aperçoit de très loin en mer, sans pouvoir en apprécier la taille.

Les extrémités des ailes sont noires à partir du coude.

La queue de forme cunéiforme est blanche, la tête jaune soufre, et l'œil cerclé de bleu est soulignée d'un trait noir.

Sa forme fuselée lui permet de plonger d'une façon remarquable pour se nourrir : nourriture composée essentiellement de poissons, qu'il repère en survolant la surface de la mer d'une hauteur de 15 à 30 mètres. C'est au terme d'un piqué vertigineux, les ailes à demi collées au corps, qu'il s'en saisit s'immergeant parfois à quelques mètres sous l'eau.

On distingue facilement les jeunes des adultes. L'année de leur naissance, ils portent une livrée brune, mouchetée de taches claires.

Il se reproduit dans quelques grandes colonies comptant jusqu'à plusieurs dizaines de milliers d'individus, une vingtaine situées en Europe, dont une en Bretagne.

Le grand cormoran
Phalacrocorax carbo

Cette espèce est relativement commune en Europe.

On en compte peu de colonies en France, partagées entre les côtes bretonnes et normandes.

De loin, il apparaît comme un grand oiseau sombre, mais vu de plus près, on distingue alors les reflets bleu violacé de son plumage.

En plumage nuptial, son menton et ses joues sont d'un blanc pur et il porte une tache blanche à la cuisse.

Pendant la nidification, il s'installe sur les parties les plus élevées des îlots et parfois sur le continent, dans les arbres. Le nid, de forte taille, est constitué de branches mortes, brindilles, algues et plumes qu'il récupère aux alentours du site. Si le nid n'est pas détruit au cours de l'hiver, il peut après avoir été réaménagé, être occupé plusieurs années consécutives.

Il pond en général 4 œufs, couvés par le couple durant 30 à 32 jours.

A la naissance, les petits sont nus et noirs. Peu à peu, ils se couvrent d'un duvet noirâtre qui cédera bientôt place à des plumes véritables.

Les parents se relaient pour leur apporter une nourriture composée essentiellement de poissons pêchés aux abords de la colonie. Cette nourriture prédigérée leur est régurgitée dans le bec largement ouvert. Ils n'hésitent d'ailleurs pas à aller la chercher au fond de la gorge des adultes. Deux mois après la naissance, les jeunes cormorans sont aptes au vol.

Le cormoran huppé
Phalacrocorax aristotelis

De taille plus petite que le grand cormoran (environ 70 cm au lieu de 90 cm), il s'en distingue également par son plumage de couleur vert bronze sous un éclairage adéquat.

Dès la fin de l'hiver, il arbore en plumage nuptial une magnifique huppe de 5 à 8 cm de haut, et la peau de sa gorge se pare d'une teinte jaune vif.

C'est un oiseau sédentaire, très attaché au lieu de sa naissance, dont il ne s'écarte guère, même l'hiver quand les autres espèces ont déserté la colonie.

Pour nicher, il s'installe sur les corniches rocheuses, sous les éboulis, ou des recoins bien abrités.

Ce nicheur très précoce, du moins en Bretagne, pond dès le mois de février 3 œufs de forme allongée, d'un bleu clair, recouverts d'une fine pellicule de calcaire blanc.

La couvaison dure 35 jours, et les jeunes restent au nid environ 5 à 6 semaines.

A la recherche de leur nourriture, ils se regroupent souvent pour former une ligne de plusieurs individus à quelques dizaines, puis plongent simultanément, traquant le poisson jusqu'à 25 mètres de fond, et peuvent rester au maximum 3 minutes sous l'eau.

Les Cygnes, Oies, Canards
(Ordre des Ansériformes)

Oiseaux aquatiques aux pattes palmées ayant en règle générale le cou assez long, le bec plat et arrondi leur servant à filtrer l'eau.

Ils construisent un nid assez élaboré, et les petits sont capables d'aller sur l'eau dès la première heure de leur vie.

Les Cygnes

Ce ne sont pas des oiseaux typiquement marins; ce sont les plus grands représentants de la famille des Anséridés, tous de couleur blanche, aux ailes longues et étroites.

Ils nichent le plus souvent au bords des étangs, à l'intérieur des terres ou sur de grandes îles situées au nord de l'Europe.

En France (à part le cygne tuberculé, semi domestique) ils ne sont visibles qu'en hiver, où ils fréquentent les estuaires et les herbages au bord de la mer.

Le cygne tuberculé
Cygnus olor

Des trois espèces rencontrées chez nous au cours de l'hiver, le cygne tuberculé ou cygne muet est le plus commun.

On ne peut d'ailleurs faire la différence entre le véritable oiseau sauvage venu de Suède ou de Sibérie, et des individus échappés de quelques parcs ou pièces d'eau de la région.

C'est l'un des plus grands et plus lourds des oiseaux d'Europe, son poids pouvant atteindre 25 kg et son envergure 2,30 m. Son plumage, entièrement blanc immaculé, n'est pas habituel dans le monde des oiseaux. Cette couleur est peut-être la cause de sa protection déjà ancienne. Il est le seul de la famille à se distinguer par un bec orangé surmonté d'un tubercule noir, d'où son appellation. Son cou très long lui permet de fouiller la vase du fond des étangs à la recherche des mollusques et herbes aquatiques qui s'y trouvent. La plus grande concentration d'oiseaux sédentaires se situe autour du lac Léman.

Le cygne sauvage
Cygnus cygnus

L'hiver, chassé par la neige et le gel, il arrive des lointaines contrées nordiques (Sibérie ou Islande) pour jouir du climat plus doux de l'Irlande.

Il n'est pas rare que plus aventureux ou quelque peu égarés, une famille ou plusieurs individus fassent halte dans la baie du Mont Saint-Michel.

A priori, rien ne les distingue de leurs cousins les cygnes tuberculés (si ce n'est la taille inférieure lorsque les deux espèces se trouvent ensemble); toutefois, on le reconnaît aisément au port de son cou qu'il tient rigide et ne replie pas en forme de S, à la couleur jaune de son bec terminé par un onglet noir; d'un naturel farouche, il ne se laisse guère approcher à moins de 100 mètres, et inquiet s'envole rapidement. Assez bruyant, ses cris ressemblent à ceux d'une oie et s'entendent de loin.

C'est dans les grandes régions désertiques de la toundra qu'il se reproduit.

Il construit alors son nid au bord d'un petit lac, avec les matériaux qu'il trouve à proximité (tiges de joncs, roseaux etc).

Celui-ci peut atteindre plus d'un mètre de diamètre. La femelle y déposera une demi-douzaine d'œufs qui seront couvés durant environ 35 jours.

Les poussins naîtront revêtus d'un duvet gris se transformant ensuite en plumage de même teinte.

Ils ne se pareront de leur livrée blanche qu'en devenant adultes.

Oie des moissons (en haut)
Bernache cravant (en bas)

Bernache nonnette (en haut)▶
Tadorne (en bas)

14

Le cygne de Bewick
Cygnus bewickii

C'est le plus petit des trois.

Quelques familles hivernent régulièrement chez nous (Bretagne, Camargue) arrivant des côtes de Sibérie ou de la Russie de l'Ouest. Sa taille est inférieure aux deux autres. Son bec, à la zone jaune moins étendue, est aussi plus court, ce qui donne à sa tête un aspect plus arrondi.

Plus terrestre que les autres représentants de la famille, il aime parcourir les étendues des polders du bord de mer, et broute de grandes quantités d'herbes à la manière des oies.

L'envol est moins « pénible », il s'arrache plus facilement du sol à l'aide de puissants battements d'ailes, sans avoir besoin de courir sur une longue distance, comme ses congénères.

Son cri ressemble légèrement à celui du cygne sauvage, bien que plus doux et plus musical.

Les Oies

La migration des oies sauvages qui zèbrent le ciel de leur vol en chevrons, s'accompagnant de cris portant à grande distance, est un des plus beaux spectacles visibles dans la nature.

Elles arrivent des contrées les plus au nord de l'Europe et de la Russie, fuyant devant la neige et le gel qui les privent de nourriture.

Quelques milliers hivernent en France, d'autres plus au sud, mais ce sont surtout les vastes polders de Hollande qui en accueillent le maximum ; il en existe cinq espèces.

Toutes vêtues du même plumage, à quelques détails près (couleur des pattes et du bec), de taille fort peu différente, seul le spécialiste s'y reconnaît.

Le jour, ces oiseaux recherchent les grands espaces bien dégagés, souvent le long d'un littoral pour pâturer l'herbe et toutes sortes de céréales sans être inquiétés ; à la nuit tombante, ils regagnent quelque étang, banc de sable ou la pleine mer, se sachant en sécurité pour dormir.

L'oie cendrée
Anser anser

Cet oiseau qui est la souche de nos oies domestiques est le plus répandu en Europe et le plus commun.

C'est aussi la plus grande des oies sauvages fréquentant notre pays en hiver.

Mis à part sa grande taille, on la reconnaît également à la couleur orangée de son gros bec, et la couleur rose de ses pattes. Sa couleur générale est grise avec le dessous du ventre plus clair.

Les ailes sont gris cendré sur le devant et plus sombres vers l'arrière jusqu'aux grandes rémiges, portant deux bandes blanches. En vol, et vue de loin, c'est la plus claire des oies.

Ces oiseaux grégaires recherchent pour se nourrir des endroits dégagés où la vue porte très loin. En effet, l'espèce étant chassée, elles sont toujours sur le qui-vive.

Il est rare de les surprendre, car à la moindre présence humaine, c'est l'envol général. Toute nourriture végétale lui convient, à savoir maïs, herbes, plantes fourragères, céréales.

En vol, ce sont des oiseaux très bruyants et leurs cris s'apparentent à ceux des oies domestiques.

◀ Colvert (en haut)
Sarcelle d'hiver (en bas)

Canard siffleur (en haut)
Nette rousse (en bas)

L'oie rieuse
Anser albifrons

Les polders du Mont Saint-Michel sont le dernier refuge de l'oie rieuse en France. De 850 en 1968 à 175 en 1972, l'hivernage est quasi inexistant depuis 1977, sauf à l'occasion des vagues de froid (2 000 en 1979).

On peut alors y observer de petites troupes pâturant dans les chaumes de blé ou sur les prairies dont l'herbe n'est pas trop haute. Chez les oiseaux adultes, on observera très vite la tache blanche du front, tandis que les jeunes de l'année ont la tête entièrement grise et le bec rose.

Elle se déplace tranquillement en broutant les plantes qu'elle coupe grâce à son bec garni de fines lamelles cornées, semblables à de minuscules dents.

Quand un adulte relève la tête et se hausse un peu sur ses pattes jaune orangé, on remarque alors de larges barres noires sur le ventre; ceci est le meilleur critère d'identification de l'espèce.

Lorsqu'elles sentent une présence humaine c'est alors l'envol général, et l'on peut entendre leurs cris à consonances métalliques.

L'oie des moissons
Anser fabalis

On la rencontre plus fréquemment en France que les autres oies, surtout dans le nord-est du pays.

Elle est de taille intermédiaire entre l'oie cendrée (la plus grande) et l'oie rieuse (une des plus petites).

D'aspect général beaucoup plus sombre, la tête, le cou et le dessus du dos d'un brun foncé, contrastent avec la couleur gris clair du dessous.

Le bec jaune orangé est terminé par un onglet sombre.

Ses mœurs et son comportement sont les mêmes que ceux des autres oies (elle se joint fréquemment aux oies rieuses).

Comme toutes les oies terrestres, c'est un oiseau diurne se nourrissant le jour dans les pâturages et se retirant la nuit pour dormir à l'abri des dangers, sur quelque grand plan d'eau, ou à bonne distance du rivage, près des côtes marines.

Les Bernaches

Ce sont des oies en général plus petites que les « oies grises » dont le comportement et le mode de vie ne diffèrent guère de celle-ci.

Le plumage est sombre, composé principalement de noir et de blanc.

La bernache cravant
Branta bernicla

Elle est la plus commune des trois espèces et on peut la voir chez nous dès l'automne. Cette petite oie, strictement maritime, dès sa reproduction terminée à l'ouest de la Sibérie arrive par milliers passer l'hiver chez nous, de la baie du Mont Saint-Michel au bassin d'Arcachon.

En décembre, on en compte entre 40 et 60 000 ses effectifs ont tendance à augmenter. Sa taille est celle d'un gros canard; elle atteint une envergure d'1,15 mètre pour un poids ne dépassant guère 1,5 kg. Elle est de teinte sombre, son cou et le devant de sa poitrine sont entièrement noirs, le ventre foncé.

Ses ailes sont d'un gris brun soutenu. Les jeunes sont reconnaissables aux deux bandes alaires blanches tranchant sur le gris de l'aile. Quant aux adultes, ils portent un petit colier blanc en haut du cou. On les rencontre unique-

Morillon (en haut)
Macreuse noire (en bas à gauche)
Eider (en bas à droite)

ment dans les vastes estuaires quand la mer se retire assez loin laissant apparaître les prairies de plantes marines, constituant l'essentiel de leur nourriture.

La disparition de ces plantes, les zostères, il y a une quarantaine d'années, due à une maladie, a failli entraîner leur perte. De plus, à cette période, elles étaient chassées. Signalons que de nos jours, une protection absolue a fait remonter leur nombre et l'espèce n'est plus en danger.

La bernache nonnette
Branta leucopsis

Beaucoup moins répandue que la bernache cravant, il est exceptionnel de la voir chez nous en hiver.

Elle niche surtout dans les régions de haute montagne de l'Arctique d'où elle est chassée par les grands froids, et passe l'hiver en Écosse, en Irlande et en Hollande.

De par sa taille plus grande et ses joues blanches se remarquant de loin, elle se distingue facilement de la cravant. Le dessus de ses ailes est gris argenté, la poitrine ainsi que le cou noirs, et le ventre blanc.

De mœurs plus terrestres, sur ses sites d'hivernage elle aime à se mêler aux autres espèces d'oies et en adopte le comportement, étant beaucoup moins spécialisée pour sa nourriture que les bernaches cravant.

Les Canards

Dans la famille des Anatidés, ils forment un groupe bien homogène; en règle générale les mâles sont brillamment colorés en période nuptiale, ce qui les distingue des femelles et immatures à la livrée uniformément brune ou grise.

Chez les canards de surface, on observera sur les ailes une tache ou une bande de couleur plus vive: «le miroir». La recherche de nourriture se fera en pâturant dans les zones humides (leurs robustes pattes situées au centre de gravité du corps en font d'excellents marcheurs), ou en s'immergeant à demi par basculement du corps pour se saisir de plantes aquatiques ou proies carnées.

Les canards plongeurs, moins adaptés à la marche (les pattes étant situées plus en arrière du corps) sont plus inféodés aux milieux aquatiques; pour se nourrir, ils s'immergent complètement, voire plongent à plusieurs mètres de profondeur. Leurs ailes de taille plus réduite les obligent à courir sur l'eau pour s'envoler, alors que les canards de surface décollent à la verticale.

Enfin, les harles, essentiellement piscivores présentent un bec très adapté aux bords denticulés (de fines protubérances cornées) leur permettant de saisir et maintenir les poissons.

Le tadorne
Tadorna tadorna

On ne sait pas vraiment si c'est un canard on un oie.

Il est beaucoup plus haut sur patte que le colvert, et son cou allongé lui donne la silhouette d'une petite oie. Il se déplace à terre en se dandinant, et marche d'un pas décidé.

Des canards, il garde la façon de se nourrir et rechercher un peu de végétation et des petites proies animales laissées dans les flaques quand la mer se retire. Pour la nidification, il recherche les endroits cachés et de préférence les terriers de lapin, ou une grosse pierre sous laquelle il disparaît complètement. Chose rare chez les canards, le plumage est semblable chez les deux sexes et très aisément reconnaissable.

Le haut du cou et la tête sont noirs, la poitrine très blanche recouverte d'un large plastron

Harle huppé (en haut)
Harle bièvre (en bas)

orange vif se prolongeant jusque sous le ventre; les ailes noires et blanches portent un miroir vert bouteille. Au printemps, le front du mâle, de taille plus importante que la femelle, s'orne d'une grosse caroncule orangée.

Il devient de plus en plus commun dans nos régions, où il niche et hiverne depuis de longues années.

A toutes fins utiles, signalons que c'est une espèce protégée.

Le colvert
Anas platyrhynchos

C'est le plus commun des canards et le mieux connu. On le rencontre partout: dans les marais, le long des cours d'eau, le long des côtes et même en pleine mer où il stationne parfois le jour.

De couleurs vives, le mâle se distingue aisément des autres canards.

Sa tête est d'un vert métallique bien particulier, son col blanc, sa poitrine brun roux foncé et son dos gris. Son bec jaune se remarque de loin, ainsi que les deux plumes retroussées de la queue.

La femelle est beaucoup plus terne, d'un brun moucheté, sauf les ailes revêtues d'un petit miroir bleu vert bordé de blanc.

Leurs cris sont très sonores et facilement reconnaissables (le coin-coin caractéristique est l'apanage du mâle).

Il n'est pas difficile pour sa nourriture et se contente de petites proies vivantes, telles que mollusques, insectes, vers de terre, et de végétaux et graminées variés.

Bien avant la fin de l'hiver, la femelle pond au creux d'une touffe de carex, dans les marais, environ une douzaine ou plus d'œufs verdâtres.

Elle ne quittera pas le nid durant environ 28 jours, jusqu'à la naissance des canetons, qui sitôt séchés la suivront docilement à la recherche de leur nourriture.

La sarcelle d'hiver
Anas crecca

C'est l'un des plus petits canards, à peine de la taille d'un pigeon, et brillamment coloré.

Le mâle a la tête brun rouge brique avec une bande verte soulignée de blanc.

Les joues sont d'un brun rouge plus sombre. La poitrine est blanche, finement nervurée de noir. Le ventre est blanc pointillé de noir, et le dos brun avec les plumes entourées d'un liseré roux.

Les ailes portent un miroir vert, brillant. Les sarcelles forment souvent de grandes bandes au vol rapide et à la trajectoire imprévisible.

Elles préfèrent les eaux douces où elles trouvent leur nourriture.

Toutefois, pour les activités de toilettage et pour dormir, elles se rassemblent en pleine mer ou dans les baies, à l'abri du danger. Leur nourriture se compose de graminées et de diverses plantes aquatiques, occasionnellement d'insectes.

Le canard siffleur
Anas penelope

Ce canard de taille moyenne se reproduisant dans tout le nord de l'Europe apparaît sur nos côtes dès la fin de l'été, mais ne s'y attarde qu'en quelques lieux.

C'est à la faveur des vagues de froid que des grandes quantités de ces oiseaux stationnés en Hollande, descendent vers nos régions au climat plus doux.

Le mâle a la tête brun roux avec une bande jaune partant de la naissance du bec et remontant jusqu'au sommet de la tête, un petit bec bleuâtre.

La poitrine est d'une teinte rosée; le croupion noir se termine par une queue très effilée. C'est un des plus marins parmi les canards de surface, aimant les baies et les estuaires où il se tient souvent en compagnie des bernaches cravant dont il partage la nourriture.

La nette rousse
Neta rufina

Ce n'est pas un canard très commun en France, au moins au nord de la Loire. On le trouve surtout en grande population autour de la Méditerranée et dans le sud-est de l'Europe.

C'est un canard plongeur, de la taille proche de celle d'un colvert.

Il recherche sa nourriture au fond de l'eau où il s'immerge complètement durant une vingtaine de secondes, remontant à la surface avec le bec garni de touffes d'herbes aquatiques qu'il triture consciencieusement n'en gardant que les parties les plus tendres.

Les petits mollusques et les têtards complèteront en partie cette nourriture.

C'est l'automne, parfois l'hiver dans des bandes d'autres canards plongeurs (milouins, morillons) moins souvent de foulques, que l'on apercevra un de ces oiseaux ; rarement en mer, plutôt sur de grands étangs de faible profondeur et à la couverture végétale abondante.

Le mâle au printemps porte une livrée remarquable. Sa tête, assez forte par rapport aux autres canards est d'un beau roux orangé ; le bec rouge vif, le cou et le plastron noirs constrastent avec le blanc du ventre et les ailes beige clair portant une large bande blanche sur presque toute la longueur. La femelle, plus terne est entièrement brune, avec seulement les joues plus claires.

Le morillon
Aythya fuligula

Petit canard plongeur, est entièrement noir brillant, sauf le ventre et les côtés blancs ; l'œil jaune vif met une tache de couleur dans ce triste habit agrémenté par une fine huppe retombant sur la nuque ; le bec est bleu à onglet noir.

La femelle est plus brune ; la huppe moins apparente ; porte parfois un étroit anneau blanc à la base du bec.

Se tenant bien groupés au milieu des étangs, mâles et femelles passent la journée à somnoler, ou à se toiletter, tout en entretenant l'imperméabilité de leur plumage.

C'est le canard plongeur le plus répandu l'hiver dans notre pays.

Plongeant jusqu'à 3 m, voire 8 m de profondeur, il fouille la vase à la recherche de petits mollusques (têtards), ou arrache diverses plantes aquatiques qui complètent son ordinaire.

La macreuse noire
Melanitta nigra

En Bretagne, c'est un hivernant commun, rencontré en mer dans les zones de hauts fonds aux bancs de coquillages nombreux, et plus particulièrement où se pratique l'élevage des moules sur bouchots ; ce qui leur procure une nourriture abondante et d'accès facile.

C'est le seul oiseau au plumage entièrement noir ; le bec du mâle, jaune dessus, s'orne d'une étrange protubérance dont la fonction n'est pas bien définie ; le dessus des ailes ne présente pas de miroir.

La femelle, plus petite et brune, a les joues gris clair tranchant sur le reste du plumage.

Se tenant en permanence sur l'eau, c'est un des oiseaux les plus souvent atteints par les nappes d'hydrocarbures, et les individus rencontrés çà et là se reposant sur les rochers ou à même le sable ont généralement le plumage souillé de mazout.

L'eider
Somateria mollissima

Vu de loin, ce canard à la forme trapue, plus fort que le colvert, paraît noir et blanc. La tête caractéristique, de forme triangulaire permet cependant de l'identifier.

En se rapprochant on distingue mieux les deux taches vertes en forme d'oreillette de chaque côté du cou, et la poitrine teintée de rose saumon.

Mais c'est là le plumage nuptial du mâle, la livrée de la femelle est entièrement brune. Venu de sa lointaine Islande, ou des côtes scandinaves, il apparaît chez nous au mois de novembre, en petites troupes, comportant au maximum une cinquantaine d'individus, associés aux macreuses noires; comme elles, son lieu de prédilection sera la zone de hauts fonds comportant des bancs de sable et nombreux coquillages, qui constituent avec les crabes le principal de sa nourriture.

Les Harles

Ce sont des oiseaux très à part dans la famille des canards.

Exclusivement piscivores, ils chassent et se nourrissent plutôt à la façon des plongeons et des cormorans.

Comme eux, ils ont pour habitude d'enfoncer leur tête sous l'eau pour repérer le poisson et ils le poursuivent longuement sous l'eau, réapparaissant parfois à plusieurs dizaines de mètres de leur point de plongée.

Le harle huppé
Mergus serrator

La particularité de cet oiseau est de posséder un bec long et effilé aux bords denticulés (de multiples aspérités en forme de dents), lui permettant de saisir et de maintenir fermement le poisson qu'il capture, d'où son nom assez répandu de «canard bec scie». Les pattes situées en arrière du corps, la forme élancée de celui-ci, l'habitude qu'ils ont comme les cormorans et les plongeons de s'immerger à demi la tête pour regarder sous l'eau et localiser leur proie, le décollage laborieux après une course à la surface de l'eau en font une espèce à part chez les canards.

Le harle bièvre
Mergus merganser

C'est le plus grand de la famille et le plus rare chez nous.

Habitant la partie nord-est de l'Europe, il se disperse aux alentours de la mer Baltique, et en Europe de l'Ouest, lorque la saison froide arrive. Pour un canard, sa taille est grande: 65 cm pour une envergure d'un mètre.

On ne peut le confondre avec aucun autre, grâce à sa somptueuse livrée.

Le devant de la poitrine est rose saumon; sa tête d'un vert brillant est portée très droite par

Le mâle a un long cou tenu bien droit, d'une couleur noire à reflets verts métalliques, comme la tête, ornée sur son arrière d'une double huppe aux plumes hérissées.

En plumage de noces, le dos est noir brillant, ainsi que la base de l'aile, la poitrine rousse finement vermiculée de brun, les côtés et le croupion gris chiné.

La femelle est plus terne, à la tête rousse aux joues blanches et à la huppe moins prononcée. L'hiver, ils fréquentent volontiers les baies et les estuaires plutôt que la haute mer.

un cou blanc, lui donnant une une allure caractéristique; quant au bec, il est rouge très foncé. La huppe est plus apparente chez la femelle que chez le mâle.

Celle-ci a un plumage uniformément grisâtre avec seulement la tête rousse et la gorge blanche. A la manière des cormorans, grâce à un petit saut hors de l'eau, il plonge à la verticale le long des côtes rocheuses et explore le tour des cailloux, les petites criques, pour y déloger les poissons. On le verra réapparaître parfois au bout d'une minute à plusieurs

Harle piette (en bas à gauche)
Huîtrier pie (en haut à droite)
Courlis cendré (en bas)

Courlis corlieu (en haut)▶
Barge à queue noire (en bas)

dizaines de mètres de son point d'immersion, la proie capturée déjà avalée ; à moins que celle-ci d'une taille trop importante doive être projetée en l'air plusieurs fois afin de se présenter la tête la première pour être prestement avalée. A part une zone dans l'est de la France, seuls des hivers froids peuvent nous faire admirer ces beaux oiseaux.

Le harle piette
Mergus albellus

On le voit très rarement en France, excepté à l'occasion d'un coup de froid (surtout femelles et jeunes).

Habitués au climat nordique, la mer Baltique est l'un des seuls endroits où ils hivernent en nombre.

Le mâle, tout de blanc vêtu, une petite huppe à peine visible, bariolé çà et là de noir (dessus du dos, tache du bec à l'œil, arrière de la tête) semble flotter au gré des flots comme un bouchon. Très petit, de la taille d'une sarcelle, il est sans cesse en mouvement, plongeant sans arrêt avec de courtes immersions, et réapparaissant avec un poisson. Comme les autres harles, il est exclusivement piscivore.

Les plans d'eau mêmes petits ou les grandes rivières à cours lent ont sa préférence, bien qu'il ne dédaigne pas les rivages marins. Une autre particularité de cet oiseau est de nicher dans des cavités naturelles, telles que vieux arbres creux (même à plusieurs mètres de hauteur).

Les petits devront alors bien avant de savoir voler se jeter dans le vide afin de gagner l'élément liquide.

Les Limicoles
(Ordre des Charadriiformes)

Dans cet ordre, la famille des Charadriidés regroupe la plupart des petits échassiers ; ils fréquentent les rivages marins ou d'eau douce. Oiseaux de taille moyenne, le plumage des deux sexes est identique, le bec long ainsi que les pattes (non palmées).

La reproduction s'effectue souvent dans le nord de l'Europe et les oiseaux passent la mauvaise saison sous des climats plus tempérés. Souvent grégaire, nichant la plupart du temps à même le sol dans un nid rudimentaire que les petits quittent dès la naissance.

L'huîtrier pie
Haematopus ostralegus

Plus communément appelé « pie de mer », ce robuste échassier ne risque guère de passer inaperçu tant par son plumage bicolore noir et blanc (identique chez les deux sexes) que par ses appels semblables à des coups de sifflet, signalant sa présence bien avant qu'on l'ait aperçu.

Bien campé sur de solides pattes rose bonbon ; le fort bec de couleur vermillon est chez lui un outil très spécialisé, il en existe deux types : l'un dont l'extrémité est aplatie latéralement lui permettant de l'introduire dans les bivalves (coques, moules se tenant légèrement entrouvertes pour filtrer l'eau) et d'en couper l'attache du muscle ; l'autre au bout plus arrondi et pointu dont il se sert à la manière d'un poinçon pour perforer les coquilles, de plusieurs coups répétés au même endroit.

Ce qui ne l'empêche nullement de sonder la vase de toute la longueur de ce bec pour en retirer de succulents vers et autres crustacés composant son ordinaire.

On le rencontre en grande quantité (des rassemblements pouvant atteindre 5 000 individus) dans les baies et estuaires où la mer se retire assez loin, présentant de ce fait de grandes étendues de vase où il trouve sa nourriture.

◀ Barge rousse (en haut)
Avocette (en bas)

Echasse (ci-contre)

Pour la nidification, il a plutôt tendance à s'isoler, du moins en France où on le trouve uniquement sur les îles ou îlots.

Il établit son nid soit à même le rocher, sans apprêts, ou bien dissimulé dans la végétation. Pendant que l'un des individus couve, l'autre monte une garde vigilante aux alentours et tout intrus est vivement repoussé.

Le courlis cendré
Numenius arquata

Qui parmi les promeneurs du bord de mer n'a vu le courlis cendré, ou entendu son cri bisyllabique, si caractéristique (cour...li). Cet oiseau ne peut être confondu avec nul autre, tant par sa taille (60 cm) : c'est le plus grand des limicoles fréquentant les rivages, que par son bec remarquable, très long (environ 25 cm). Celui-ci recourbé vers le bas lui sert à sonder profondément la vase et à en extraire les petits vers et mollusques constituant la base de sa nourriture.

On peut aussi le voir dans les mares, le long des grèves patauger jusqu'à mi-corps dans l'eau et se saisir adroitement de crabes verts et les avaler tout entiers.

Devenant rare dans les dernières landes préservées de la convoitise des « aménageurs » de toutes sortes, on peut encore en Bretagne entendre au printemps la longue trille plaintive émise en vol par le mâle, pendant la période nuptiale.

Mais ce sera là le seul élément qui révélera sa présence.

En effet, il est fort difficile de découvrir le nid, très bien dissimulé par les hautes herbes des milieux environnants. Ce n'est pas le plumage mimétique de la couveuse immobile sur ses œufs, qui nous le fera repérer davantage.

Le courlis corlieu
Numenius phaeopus

De même silhouette que le cendré, il s'en distingue cependant par la taille inférieure, le bec plus court et moins arqué ; le plumage du dessus est plus sombre, de chaque côté de la tête un trait blanc au-dessus de l'œil souligne une calotte foncée ; les pattes sont bleues.

De répartition plus nordique (les premiers nicheurs se rencontrent en Écosse) il niche volontiers sur les îles à végétation rase et dans la toundra.

Grand migrateur, il passe l'hiver des côtes de l'Afrique du nord à la pointe du Cap.

En France, il est essentiellement vu au passage d'automne et de printemps, où ses grandes bandes se rencontrent aussi bien dans les pâtures intérieures où ils font provision d'insectes de toute sorte, qu'au bord de la mer, mêlés aux autres espèces (courlis, chevaliers) ; il recherche alors les vers, mollusques et crustacés.

De nature plus confiante que le cendré, les individus isolés se laisseront alors approcher à courte distance.

La barge à queue noire
Limosa limosa

Avec les courlis, c'est l'un des plus grands limicoles d'Europe.

Le corps plutôt élancé, porté par de longues pattes noires, est d'une teinte châtain, le devant de la poitrine roux vif.

Les ailes présentent sur toute leur longueur une grande bande blanche ; la queue barrée de noir (à son extrémité seulement visible au vol) donne le nom à l'espèce. Le bec très long est droit.

Cet oiseau d'habitude silencieux émet un cri mélodieux sur ses lieux de nidification, en Hollande et plus à l'est.

Nicheur très rare en France (quelques couples en Bretagne, par exemple).

Le nid est habilement dissimulé au cœur de touffes d'herbes émergeant à peine des étendues d'eau stagnantes des marais, ou construit à même le sable dans les dunes abritées.

Les adultes se montrent alors très vigilants et le territoire est défendu avec vigueur contre les intrus : les corneilles se font poursuivre, les animaux harcelés par des piqués, même les hommes se font houspiller par les oiseaux tournant sans cesse au-dessus de leur tête avec des cris de colère.

La barge rousse
Limosa lapponica

A marée haute, sur des petits bancs de sable à moins de cent mètres du rivage, plusieurs centaines de ces oiseaux somnolent, se tenant sur une seule patte, le bec enfoui dans les plumes du dos, en bandes serrées, tout à côté des tadornes et courlis, en attendant que le reflux laisse libres de grandes étendues de vasières, inépuisables réserves de nourriture.

C'est au printemps, lorqu'il aura revêtu sa parure nuptiale que cet oiseau méritera vraiment son nom.

On verra alors son plumage d'un beau roux vif, avec seulement la queue grise finement barrée de noir; le bec aussi long que celui de la barge à queue noire est légèrement retroussé vers le haut, permettant de les distinguer en toute saison.

Ces oiseaux, lointains visiteurs d'au-delà du cercle arctique où ils se reproduisent dans les toundras durant le court été boréal, sont de passage en France dès le mois de sptembre, et l'hiver au climat tempéré en retient plusieurs milliers.

Parfois isolés, et alors guère farouches, ou en grandes troupes pouvant aller jusqu'à plusieurs milliers d'individus, ils sont alors inabordables et s'envolent dans un grand fracas d'ailes et de cris, à l'approche du danger.

L'avocette
Recurvirostra avosetta

A part dans la famille des limicoles, l'avocette ne passe pas inapercue.

Elle se distingue tout de suite par son étrange bec long, en forme d'alène de cordonnier, recourbé vers le haut, et ses hautes pattes bleutées. Son plumage blanc et noir ne peut mieux contraster sur le fond vert des marais où elle élit domicile, affectionnant principalement les salines bordées ou non de végétation, où elle établit son nid, à l'abri d'une touffe de salicornes ou directement sur la terre nue des digues. Son bec si particulier n'est pas un caprice de la nature; c'est un outil très efficace pour un mode d'alimentation spécial.

Elle avance, à petits pas dans quelques centimètres d'eau, parfois jusqu'à la poitrine, la tête penchée en avant, le bec à moitié immergé et entrouvert, donnant des coups de tête alternativement de gauche à droite. Après quelques pas, elle avale tous les animalcules que le bec a retenus en filtrant l'eau, et recommence à nouveau.

Elle niche en grandes colonies dans les milieux saumâtres ou même salés.

Le nid, simple creux moulé par la poitrine de la femelle est garni de débris trouvés à proximité, tels que plumes, brindilles, coquillages.

L'échasse
Himantopus himantopus

On peut dire que cet oiseau porte bien son nom; juchée sur des pattes de longueur démesurée et de couleur rose vif, l'échasse serait une caricature, si elle n'avait la grâce et l'élégance, soulignée par son long cou gracile et sa petite tête au bec très fin, tel une aiguille.

En dehors de l'aspect physique, son plumage entièrement blanc avec le dessus des ailes noir fait penser à une cigogne miniature, et elle se distingue ainsi des autres échassiers. Comme l'avocette, elle a besoin de la proximité de l'au pour établir son nid, (ancienne saline, rizières, champs en friches).

Le nid, simple dépression du sol à peine recreusée par des mouvements circulaires de la poitrine, peut être beaucoup plus élaboré s'il est établi dans le marais même, et surélevé afin que les œufs y reposent bien au sec. C'est plutôt un oiseau aimant le climat chaud et sec du pourtour de la méditerranée; toutefois le long de la côte atlantique, elle étend sa zone de nidification jusqu'en Bretagne sud; elle nous quitte dès le début de l'automne pour rejoindre ses quartiers d'hiver africains.

Le chevalier gambette
Tringa totanus

Il est le prototype mêle des chevaliers, de taille moyenne (ni grand comme l'aboyeur, ni petit comme le guignette).

Sa couleur est un compromis de toutes

celles rencontrées parmi les autres membres de la famille.

Le dessus est gris brun, finement vermiculé de noir, le dessous plus clair et moins tacheté ; seule distinction très apparente, la grande bande blanche à l'arrière de l'aile très visible en vol et une marque blanche sur le dos se prolongeant jusqu'au croupion. Les pattes et le bec sont rouge orangé.

Il ne se mêle guère aux autres chevaliers ; ajoutons que ce serait plutôt les autres petits limicoles qui rechercheraient sa compagnie. Profitant de sa nature farouche, il est le premier à donner l'alarme à l'approche d'un danger.

Il manifeste alors son inquiétude par des hochements rapides de la tête, puis s'envole brusquement en criant très fort, c'est alors l'envol général.

Lors de la nidification, c'est un des rares limicoles à se percher sur un piquet pour surveiller son territoire.

En Bretagne, on a surtout constaté sa reproduction dans les salines littorales, et parfois sur quelques grands marais intérieurs.

Il est commun l'hiver dans tous les milieux côtiers (sableux ou rocheux), bien qu'il préfère les grandes baies à fond vaseux à la nourriture abondante.

Le chevalier arlequin
Tringa erythropus

Il est plus grand et plus sombre que le gambette, et également plus haut sur ses pattes d'un rouge foncé.

L'été, il est impossible de le confondre avec celui-ci, tout de noir vêtu, finement ponctué de blanc, seule une marque blanche égaie le bas du dos.

En automne, par contre, on les confond aisément, leurs plumages étant alors devenus fort voisins.

Le ventre de l'arlequin est blanc uniforme, celui du gambette est plus gris avec de fines taches brunes remontant vers la poitrine.

C'est un oiseau à reproduction nordique (taïga de la péninsule scandinave).

On le rencontre au bord de la mer, mais il aime également l'eau douce, et lors de ses passages migratoires en France, il stationne volontiers en petites troupes d'une douzaine d'individus sur les étangs intérieurs aux bords vaseux, dépourvus de végétation.

On le voit alors picorant deci delà toute proie carnée se trouvant à sa portée, n'hésitant pas, à l'occasion, à s'engager dans l'eau jusqu'à la poitrine.

Le chevalier guignette
Actitis hypoleucos

A peine de la taille d'un merle, sa couleur est neutre, gris pâle dessus, blanc sale dessous ; toujours en mouvement, il trottine sur de courtes pattes.

Grâce à son perpétuel hochement de queue, on peut l'identifier d'assez loin.

C'est en général un oiseau solitaire qui s'envole à quelques pas lors de l'approche, en poussant un petit cri flûté.

On observe alors son vol, courts battements d'ailes saccadés suivis de longs planés au ras de l'eau.

Il se repose un peu plus loin, toujours en quête de petits moucherons ou autres infimes bestioles qu'il saisit rapidement de l'extrémité du bec en projetant la tête en avant.

Les vers et têtards font également partie de sa nourriture.

Ce petit chevalier est l'un des rares à nicher en France, où il établit son nid le long des cours d'eau assez rapides ; celui-ci est alors dissimulé sous la végétation ou déposé à même un banc de graviers.

Chevalier gambette (en haut)
Chevalier arlequin (en bas à gauche)
Chevalier guignette (en bas à droite)

Le chevalier cul blanc
Tringa ochropus

Derrière la digue bordant sur plusieurs kilomètres le fond de la baie, le ruisseau d'eau saumâtre étire ses méandres parmi des îlots de vase séchée et les buissons de saules: le chevalier cul-blanc est dans son domaine. Il n'aime guère le rivage maritime et ses grandes étendues sableuses, mais préfère trottiner le long des rives boueuses des ruisseaux, bien dissimulé dans la végétation des berges.

Cet oiseau craintif fuit l'homme de très loin. Un peu plus grand que le guignette et surtout plus haut sur pattes, sa couleur générale est noire, comme son dos et le dessus des ailes. De près, on verra de fines mouchetures blanches; le ventre et le croupion sont blancs. De façon assez curieuse pour un échassier, il choisit pour nicher un vieux nid de grive ou d'espèce voisine, même établi à plusieurs mètres de hauteur.

La ponte comprend en général 4 œufs. Les poussins une fois éclos devront se jeter du nid avant même de savoir voler, afin de suivre les parents à la recherche des insectes et mollusques constituant leur nourriture.

En France, il est commun au passage d'automne, mais seuls quelques individus restent çà et là l'hiver, à moins que la glace ne les chasse plus au sud.

Le chevalier sylvain
Tringa glareola

Il n'est pas facile de le différencier du chevalier cul-blanc dont il porte la même livrée sombre.

Cependant, dans de bonnes conditions d'éclairage, la teinte brune, plus chaude du dessus du dos est finement piquetée de petits points blancs ; en toute saison, le sourcil blanc est plus apparent, surtout chez les adultes, les pattes d'un jaune vert sont plus graciles et le bec proportionnellement plus court.

Tout cela donne à la silhouette un aspect général plus gracieux.

Tel le chevalier guignette, il hoche fréquemment la queue, surtout quand il est inquiet, et au vol, on remarquera le dessous gris argenté des ailes contrastant avec celui toujours noires du cul-blanc.

Les milieux salins, à végétation halophile, et les ruisseaux saumâtres encombrés de plantes le retiennent davantage que le bord de la mer. C'est le soir qu'il devient plus actif, à la recherche des mollusques et autres invertébrés pour se nourrir.

En migration, c'est l'un des chevaliers les plus précoces en France.

Son passage débute dès juillet, mais il continue sa route vers l'Afrique.

Le chevalier combattant
Philomachus pugnax

C'est le chevalier le plus richement coloré, du moins en plumage nuptial, et le seul parmi les limicoles à présenter un dimorphisme sexuel visible: le mâle étant plus grand que la femelle.

Tous deux ont un bec relativement court pour un chevalier.

En automne, le plumage est assez insignifiant, à savoir d'un gris plus au moins marqué de roux et le ventre blanc, mais au printemps, le mâle se pare d'une magnifique collerette de grandes plumes retombant sur son dos et sa poitrine. Il existe une grande variété de parures: tantôt blanche, rousse, bariolée de taches, etc...

Pour la parade nuptiale, les combattants mâles rejoignent en petit groupe des places délimitées à l'avance, où pendant des heures ils se livrent à des simulacres de combat, se ruant les uns contre les autres, battant des ailes, s'esquivant et sautant le plus haut possible pour terminer en se couchant sur le sol et restant un court instant sans bouger.

Puis ils reprennent leur joute de plus belle en

Chevalier cul-blanc (en haut à gauche)
Chevalier sylvain (en haut à droite)
Chevalier combattant (en bas)

essayant d'attirer sur eux l'attention des femelles.

Après l'accouplement, les femelles se retireront dans un coin discret du marais et y pondront quatre œufs dans un nid préalablement construit, et bien dissimulé.

C'est un nicheur très rare en France, moins de 10 couples.

Le chevalier aboyeur
Tringa nebularia

Le cri émis par cet oiseau est le moyen le plus sûr pour l'identifier: en effet son coup de sifflet composé de trois syllabes bien détachées se reconnaît entre tous les autres.

Il suffit alors de l'imiter pour qu'il vienne à notre rencontre, pensant avoir à faire à un congénère de passage.

De stature robuste, haut sur pattes, il est le plus grand parmi les chevaliers.

On le distingue également à son bec bleuâtre à base sombre et légèrement retroussé vers le haut; ses pattes sont vertes, le plumage du dos de la tête et des ailes gris, parsemé de mouchetures blanches, le faisant paraître très clair de loin.

Sa nourriture est composée de toutes les petites proies animales qu'il peut trouver dans les eaux douces ou salées (sangsues, têtards etc...). Se reproduisant dans le nord de l'Europe (quelques couples en Écosse), il est de passage en France du mois d'août à novembre, sur les vasières découvertes à marée basse, ou au bord des étangs.

Le bécasseau variable
Calidris alpina

De la taille d'un merle, pas très haut sur ses pattes noires, le bécasseau variable est le plus commun des petits échassiers fréquentant nos rivages.

Il est rarement seul; c'est plutôt en grandes troupes allant de quelques dizaines à plusieurs milliers d'individus qu'il anime nos rivages durant la mauvaise saison.

Au printemps, si on peut le voir dans les endroits où il niche, c'est un joli petit échassier, avec le dos roux, la poitrine noire et le ventre blanc.

En automne, lorsqu'il nous visite, son plumage devient alors de plus en plus gris, la poitrine restant rayée, et au vol on peut voir une petite bande blanche sur les ailes. Son milieu de prédilection est les grandes étendues de sable ou de vase laissées à découvert par la mer lorsqu'elle se retire.

Trottinant sans arrêt, il sonde la vase en y enfonçant son bec sur un ou deux centimètres, et ceci une dizaine de fois dans un espace à peine grand comme la main; puis il avance un peu et recommence plus loin. Il saisit alors du bout du bec un petit mollusque ou un minuscule ver qui composent l'essentiel de sa nourriture.

Le bécasseau maubèche
Calidris canutus

De taille semblable au chevalier gambette, il est le plus gros des bécasseaux.

Trapu, court sur patte, son bec fort n'est pas très long, d'où sa silhouette rondelette. Sa couleur en automne est grisâtre sur toutes les parties supérieures, dessus de la tête, dos, dessus des ailes; seuls le croupion, le ventre et une bande sur l'aile sont d'un blanc plus marqué.

Très grégaire, il se rassemble en troupes immenses dans les endroits où il aime passer l'hiver.

Certains sites en recèlent plusieurs dizaines de milliers d'individus, et on peut alors voir un véritable tapis avançant et reculant à la limite des flots, au gré des marées. Ils sondent la vase pour y rechercher les petites coques et autres

Chevalier aboyeur (en haut)
Bécasseau variable (en bas à gauche)
Bécasseau maubèche (en bas à droite)

Bécasseau minute (en haut) ▶
Bécasseau sanderling (en bas)

bivalves composant l'essentiel de leur nourriture.

Ils suivent ainsi le rythme des marées, se nourrissant aussi bien la nuit que le jour. Lorsque la mer a tout recouvert, ils s'envolent tous ensemble pour passer quelques heures de repos sur un îlot ou un banc de sable. C'est alors, serrés les uns contre les autres, qu'ils somnolent sur une patte, le bec enfoui sous l'aile.

Le bécasseau minute
Calidris minuta

Sans doute synonyme de minuscule « minute », car c'est le plus petit des bécasseaux, à peine de la taille d'un moineau.

Souvent seul, ou en petites troupes, il aime se mêler aux autres bécasseaux, et il est facile de le distinguer.

Tout d'abord à sa taille, mais aussi à son plumage très clair, gris argenté dessus, blanc pur dessous (du moins en hiver).

Le dos s'orne de plumes rousses, formant un « V » partant des épaules pour rejoindre le bas de la queue.

Il fréquente les mêmes endroits que les autres bécasseaux, mais on peut le trouver dans tous les milieux aquatiques (bords de mer, rives de cours d'eau, bords d'étang), le plus souvent isolé ou en très petit nombre.

Il se montre alors d'une très grande confiance ou au contraire s'envole de très loin.

Sa nourriture se compose de petites proies carnées comme les vers qu'il extirpe de la vase en y enfonçant profondément son bec, ou de petits crustacés, insectes et larves, lorsqu'il traîne au bord des étangs.

Il niche dans le nord de la Sibérie et de la Norvège ; on le voit en France surtout au mois de septembre et il ne s'attarde pas. En effet, il rejoindra ses quartiers d'hiver en Afrique du nord, jusqu'au Cap.

Le bécasseau sanderling
Calidris alba

Sa taille est proche de celle du variable, mais il est aussi plus clair. Le blanc et le noir sont ses deux couleurs.

Le bec, les pattes, la bordure des ailes et les rectrices médianes de la queue sont noirs, le reste du corps est blanc plus ou moins tacheté de gris.

Sa stature est différente de celle des autres bécasseaux ; plus court sur pattes et le bec moins long, il apparaît plus rondelet.

Trottinant à une vitesse stupéfiante sur la grève en limite de la mer, il attrape prestement les puces de sable et autres bestioles que la marée fait sortir.

En dehors des périodes d'alimentation, il passe de longs moments à somnoler sur une patte, le bec enfoui dans les plumes du dos, l'œil à demi-fermé.

Cet oiseau, d'un naturel confiant quand il est seul, s'envole de très loin à toute approche humaine lorsqu'il est rassemblé en grande bande.

Le bécasseau cocorli
Calidris ferruginea

Sa taille est moyenne, à peu près identique à celle du variable, avec qui il est souvent associé, mais en nombre très restreint, il en est alors fort difficile à distinguer.

Toutefois, sa silhouette est plus svelte, plus haut sur ses pattes noires, son bec est plus long et fin, légèrement recourbé vers le bas, et le sourcil crème très bien marqué, surtout en

◀ Bécasseau cocorli (en haut)
Bécasseau violet (en bas à gauche)
Bécasseau Temminck (en bas à droite)

Bécasseau tacheté (en haut)
Bécasseau rousset (en bas à gauche)
Pluvier argenté (en bas à droite)

plumage nuptial. Au vol, la tache blanche du croupion s'étendant jusqu'au milieu de la queue permet de l'identifier plus aisément.

C'est un visiteur d'automne de la lointaine Sibérie et des côtes de l'océan glacial.

Le bécasseau violet
Calidris maritima

On l'appelle ainsi, car en plumage nuptial, son dos a des reflets d'un violet pourpre.

On ne le trouve pas dans les baies, estuaires et plages de sable fréquentés habituellement par les espèces voisines, mais c'est en des lieux beaucoup plus sauvages qu'il faut le rechercher: les zones rocheuses battues par les flots où là, parmi les goémons, algues, balanes etc..., il trottine rapidement à la recherche de minuscules proies n'ayant pas encore trouvé d'abri quant la mer se retire.

Cet oiseau très confiant (ne se trouvant pas souvent en présence de l'homme dans ce milieu hostile) ne s'envolera qu'à quelques

Le bécasseau de Temminck
Calidris temminckii

Il ressemble fort au bécasseau minute dont il a la taille, mais revêt plutôt le plumage du chevalier guignette.

Il n'est jamais commun et sa découverte tient surtout du hasard.

De nature très calme, il passe également de longs moments à somnoler sur une patte, à l'abri d'une feuille de nénuphar ou branche morte traînant au bord d'un étang.

Il ne cherche pas vraiment à se dissimuler, mais évite tout de même de se tenir en évidence au milieu des étendues vaseuses des étangs comme le font les autres bécasseaux. Il marche d'un petit pas nonchalant, en picorant deçi

Le bécasseau tacheté
Calidris melanotos

Il arrive qu'on puisse rencontrer ce bécasseau rare, mais si l'on ne fait pas très attention, on croit avoir à faire à une petite femelle de chevalier combattant.

D'origine américaine, c'est celui qu'on peut rencontrer le plus souvent en Europe parmi les oiseaux égarés d'un autre continent; plusieurs individus se montrent régulièrement en France tous les ans.

De stature plus forte que le bécasseau variable, il s'en distingue d'emblée par son plastron chiné de gris, s'arrêtant net au milieu de la poitrine sur un ventre blanc.

Sans toutefois être rare, il n'est jamais commun. Seul ou avec des congénères (rarement plus de cinq ou six), il fréquente les mêmes milieux que le bécasseau variable, avec toutefois une nette prédilection pour les côtes maritimes et les estuaires.

centimètres de votre pied pour aller se reposer plus loin ou sur un îlot voisin. Une lame peut parfois le bousculer; il flotte alors comme une minuscule mouette, mais remontant tout aussi vite sur son rocher.

Cette espèce se reproduit en Islande et sur toute la côte de la Scandinavie, plus à l'est encore; jamais très nombreux, il hiverne sur toute la façade de la mer du Nord de la Manche et de l'Atlantique.

Sa rencontre est plutôt occasionnelle, mais certains sites particuliers (presqu'îles, caps) sont fréquentés régulièrement.

delà des bestioles sur la vase ou à la surface de l'eau dans laquelle il ne s'avance guère plus haut que le tarse.

Dérangé, il décolle très vite avec un petit cri flûté; il vole à la manière d'une bécassine en zigzaguant parfois et s'élève haut, puis en quelques coups d'aile disparaît dans la végétation avoisinante; d'autres fois, après un large virage il revient se poser à son point de départ. D'autres individus, moins farouches, se laissent approcher à quelques mètres permettant ainsi une identification beaucoup plus aisée; on remarquera alors ses pattes jaune sale, le sourcil blanc peu apparent, le bec grisâtre.

On remarque également au vol le croupion blanc sur les côtés, et une fine bande blanche sur les ailes. Il se mêle volontiers aux autres bécasseaux tout principalement aux variables dont il partage les activités.

Il n'est cependant pas rare de surprendre des individus isolés se laissant alors facilement approcher, faisant preuve d'une grande confiance.

Quand il se sent menacé, il cherche plutôt à se disssimuler parmi la végétation, s'aplatissant au besoin au lieu de s'envoler.

Le bécasseau rousset
Tryngites subruficollis

Comme son cousin, le bécasseau tacheté, il est un égaré d'Amérique du nord, mais beaucoup plus rare; on le signale chaque année en France

Petit, assez svelte, la tête ronde, le cou assez long, juché sur des pattes jaunes assez hautes, il est d'une couleur brun roux, surtout sur le dessus, le dessous étant un peu plus pâle. Très actif, c'est à petites enjambées rapides qu'il parcourt le terrain, picorant des petites proies repérées au sol.

Les endroits secs et durs, parsemés d'une végétation rase, telles les salicornes, ont sa préférence pour s'arrêter chez nous.

Il s'y repose alors, allongé à l'abri d'une touffe, et n'est guère facile à repérer, d'autant qu'il attendra le dernier moment pour s'envoler d'un coup d'aile rapide.

Le pluvier argenté
Pluvialis squatarola

Le corps trapu sur de fines pattes noires, une grosse tête ronde avec le bec court, tel est l'aspect général du pluvier argenté. En automne, le plumage des oiseaux adultes est tacheté de gris clair et de noir; il ne reste plus de trace du beau plastron noir qui lui recouvrait les joues et s'étendait jusque sous le ventre en plumage de noces.

C'est également en cette saison qu'on le différencie le mieux du pluvier doré, de proportion et de teinte semblables, en le faisant s'envoler; on remarque alors de loin une tache noire à la naissance de l'aile.

Actif de nuit comme de jour, se nourrissant au rythme des marées, il arrive à se reposer longuement sur une patte, mais ne perd pas pour autant sa vigilance, car à la moindre alerte, il s'envole en émettant son cri plaintif.

Cet oiseau très sociable forme au passage de grosses bandes qui stationnent dans les estuaires et les baies lui assurant calme et nourriture.

Le pluvier doré
Pluvialis apricaria

Hôte des toundras du nord de l'Europe, ou plus près de nous des collines d'Écosse, le pluvier doré est dans les grandes lignes semblable au pluvier argenté. Sa taille est toutefois légèrement inférieure, mais comme lui, il présente un plastron noir sur le devant à la saison des amours; l'ensemble du dos et des ailes se revêt alors d'une belle parure d'un jaune doré contrastant bien sur ses flancs blancs.

Dès le mois d'août, on peut le rencontrer sur les rivages, mais ce sont des isolés ou de toutes petites troupes. Les grosses bandes se cantonnent dès l'automne dans les prairies naturelles et les polders, où en compagnie des vanneaux ils passeront l'hiver.

Sa nourriture est surtout constituée de larves de toutes sortes, petits mollusques et vers qu'il recherche par une petite course assez rapide, entrecoupée de brusques arrêts; puis il scrute le sol et habilement de son court bec cônique en extrait la proie recherchée.

Ses grandes ailes fines et pointues en font un très bon voilier.

Si durant l'hiver, le gel le prive momentanément de nourriture, il part de son vol rapide en d'autres lieux plus cléments.

Le pluvier guignard
Charadrius morinellus

Cette espèce, jadis très commune devient de plus en plus rare.

Il est d'un naturel très confiant (surtout chez les oiseaux isolés), à tel point qu'on croirait être en présence d'un oiseau blessé, tant il se laisse approcher de près sans montrer la moindre crainte de l'homme.

Ses effectifs ont été ainsi décimés par les chasseurs trouvant en lui une proie facile. Il niche çà et là en Europe (péninsule scandinave, Russie de l'Ouest et Écosse).

Son comportement est identique aux autres pluviers; on l'en distingue cependant par sa taille inférieure (celle d'un gros merle haut sur pattes) et ses couleurs vives.

La tête est sombre avec deux sourcils blancs se rejoignant derrière la nuque en formant un V. La gorge est blanche, la poitrine gris brun

est séparée du ventre roux cannelle par un collier blanchâtre, les pattes sont jaune verdâtre. Les endroits secs et les pelouses rases du bord de mer ont sa préférence, à l'inverse des autres pluviers préférant les rivages et les baies.

Le grand gravelot
Charadrius hiaticula

Aussi appelé petit pluvier à collier, le grand gravelot s'observe en France dans tous les endroits sableux du littoral; seul ou en grandes troupes, il aime à se mêler aux autres petits échassiers du rivage tels que les bécasseaux et chevaliers. Son attitude est caractéristique des pluviers : il court sur une petite distance, s'arrête net, inspecte le sol de son œil noir cerclé de jaune, et picore sa proie à l'aide de son bec court de couleur orange à pointe noire; il hoche la tête rapidement s'il est inquiet, puis d'un coup d'aile vif s'envole pour se reposer à quelque distance, où il recommencera son manège. La Bretagne ne retient que quelques couples nicheurs, car comme tous les autres pluviers, sa zone de répartition est assez nordique.

Il n'est guère difficile quant au choix de l'emplacement de son nid : galets, gravières, terres cultivées, dunes de sable.

Le mâle, s'aidant de sa poitrine, creuse une petite dépression ronde que la femelle garnit de coquillages.

Elle y pondra quatre œufs, couvés pendant 25 jours. Dès la naissance, les petits à peine secs seront conduits dans un endroit en sécurité.

Le petit gravelot
Charadrius dubius

De taille à peine inférieure à son cousin le grand gravelot, il est également difficile à différencier par le plumage.

Deux détails cependant: les pattes du petit gravelot sont de couleur chair, celles du grand jaune orangé, le bec du petit gravelot est noir, celui du grand bicolore, jaune à pointe noire. Le reste du plumage est identique, ventre blanc, collier plus ou moins large, noir; dessus du dos gris châtain, un bandeau noir cerne le front.

La différence est plus nette au vol: le petit gravelot a le dessus des ailes uni et le grand à une bande alaire blanche.

Beaucoup moins maritime, on le rencontre néanmoins aussi bien au bord des rivages qu'à l'intérieur des terres, pendant la période de reproduction.

Si un intrus s'approche du nid, il l'en écarte, en feignant l'oiseau blessé, attirant ainsi le danger sur lui.

Le gravelot à collier interrompu
Charadrius alexandrinus

C'est un petit oiseau trapu, de couleur sable, au ventre blanc, ne portant pas de collier complet comme les autres gravelots, mais seulement une bande noire de chaque côté du cou (qui sont absentes chez la femelle).

Il affectionne particulièrement les grandes étendues sableuses du bord de mer, où il dissimule sa ponte parmi les salicornes et autres plantes halophiles; souvent aussi dans les goémons secs laissés par la mer où la grande marée suivante emportera les œufs, l'obligeant ainsi à pondre une seconde fois.

Sans cesse en mouvement, trottinant si vite sur le sable que l'on ne voit pas les pattes, il ressemble plus à une balle de ping-pong entraînée par le vent qu'à un oiseau.

Toujours en alerte, il préfère d'abord prendre la fuite de sa course rapide, et ne s'envolera qu'à une certaine distance.

Dès que les jeunes sont éclos et secs, ils quittent le nid, emmenés par les parents à l'abri d'une touffe d'herbe ou d'un creux de sable, qui les dissimuleront aux yeux des prédateurs.

Pluvier doré (en haut)
Pluvier guignard (en bas à gauche)
Grand gravelot (en bas à droite)

Petit gravelot (en haut) ▶
Gravelot à collier interrompu (en bas)

Bien aplatis, ils font corps avec le terrain, ne bougeant pas même si on les touche. Ils sont alors invisibles et ne repartiront qu'à l'appel des adultes.

Le tournepierre à collier
Arenaria interpres

De la taille d'une grive, le corps trapu sur de courtes pattes jaunes, la tête engoncée dans les épaules se prolonge par un court bec conique. Nicheur exclusivement nordique de la péninsule scandinave et de l'Islande.

Grâce au mimétisme de son plumage bariolé de noir, blanc et roux, il passe inaperçu dans le toundra parsemée de lichen où il établit son nid.

Dès le mois d'août, les oiseaux arrivent chez nous ; les jeunes d'abord à la livrée plus brune, mâchurée de blanc et il n'est guère aisé de les distinguer dans les rochers où ils se complaisent alors ; ou sur les plages de galets qu'ils retournent prestement d'un coup de bec vif pour y déloger les petites proies carnées dont ils se nourrissent (vers, pucerons, petits crustacés).

On les voit trottiner aussi sur les plages de sable parmi les goémons laissés par la mer, se mettant parfois à deux ou trois, ils poussent à l'aide de leur front, s'arcboutant sur leurs robustes pattes, ces masses d'un poids et d'un volume supérieurs au leur et se régalent des pucerons qu'ils y délogent.

Les Goélands et Mouettes
(Ordre des Charadriiformes, famille des Laridés)

Oiseaux de mer par excellence.

Très bons voiliers, grâce à leurs longues ailes, et bons marcheurs, hauts sur de robustes pattes, bons nageurs (pattes palmées) et peu difficiles quant à la nourriture. Omnivores, ils se sont très bien adaptés à l'environnement humain dont ils tirent profit.

C'est une des rares familles dont les différentes espèces sont en progression.

Le goéland argenté
Larus argentatus

« Oh papa, tu as vu la mouette ! »

Un des premiers oiseaux aperçu en Bretagne par les touristes sera cette mouette qui aura quatre-vingt-dix pour cent de chances d'être un goéland argenté : l'oiseau le plus commun du littoral français.

Familier des ports de pêche où il se fait nourrir à bon compte et sans trop se dépenser, le goéland argenté sait depuis de nombreuses années tirer profit de notre société de consommation, et les décharges publiques sont autant de self-services à sa disposition.

Peu difficile, tout lui est bon : le poisson crevé au bord de la plage, le poussin du nid de son voisin ou le mulot s'échappant du sillon derrière la charrue sont un régal pour cet estomac insatiable.

Il niche en colonies sur les côtes, mais préfère cependant les îlots où la tranquillité est plus grande.

Signalons qu'il ne dédaigne pas non plus s'installer sur les toits des villes côtières.

◀ Tournepierre à collier (en haut)
Goéland argenté (en bas)

Goéland brun (en haut)
Goéland marin (en bas à gauche)
Goéland cendré (en bas à droite)

Dans un nid fait d'un assemblage grossier d'herbes, de plumes et débris de toutes sortes, il pond au mois de mai trois œufs qui seront couvés près d'un mois avant de donner naissance à des oisillons dont le plumage mimétique les dissimulera fort bien des dangers pouvant se présenter.

Le goéland brun
Larus fuscus

La réplique du goéland argenté si ce n'était le dessus des ailes couleur ardoise plus ou moins foncé suivant sa répartition géographique, et les pattes d'un jaune citron.

Ses mœurs sont les mêmes que celles de l'argenté, mais il est toutefois un peu moins familier.

Le fait qu'il soit un migrateur préférant le doux climat africain l'hiver au vent humide de nos côtes l'en distingue cependant.

Bien qu'il niche en compagnie des autres goélands argentés et marins, il choisit de préférence les endroits plus herbeux des îlots où il pourra dissimuler sa ponte.

Tant que les jeunes ne volent pas, on ne peut les différencier des jeunes argentés.

Si le goéland argenté a toujours habité la Bretagne, le goéland brun est d'implantation plus récente.

Les premiers nicheurs sont apparus dans les années 1920, venant sans doute d'Angleterre. Ils s'établirent d'abord sur des îlots dans la baie de Morlaix, et depuis en colonies sur à peu près tout le littoral, en étant toutefois moins nombreux que les argentés.

Le goéland marin
Larus marinus

Il porte bien son nom, car il ne s'aventure guère à l'intérieur des terres.

Son domaine reste la frange maritime de nos côtes où il s'observe durant toute l'année.

S'il s'aventure en haute mer, c'est pour suivre les bateaux en quête de déchets quelconques mais il ne perd pas pour autant la terre de vue.

Le « géant » parmi les goélands avec ses 1,70 m d'envergure et son poids avoisinant les 2 kg; il est facilement reconnaissable par sa taille (celle d'une petite oie), la couleur noire du dessus des ailes et les pattes de couleur chair. Le bec est proportionnellement plus fort que chez les autres goélands, et c'est une arme redoutable pour tuer ou achever des animaux, même de la taille d'un lapin.

Il aime établir son nid tout au sommet de l'îlot d'une colonie de goélands argentés, d'où il règne en maître, et malheur au nid laissé sans surveillance ou au poussin égaré.

Nicheur récent en Bretagne, sa population atteint environ 800 couples.

Le goéland cendré
Larus canus

Le cadet des goélands par la taille nettement inférieure à celle de l'argenté et la stature générale moins lourde.

Il a plutôt l'élégance de la mouette rieuse avec sa tête fine et le bec moins épais (dépourvu de tache rouge), son vol est également plus léger.

Le plumage est identique à celui de l'argenté: dessus bleu gris, dessous blanc, sauf les pattes d'un gris bleu.

Sa distribution est plus nordique.

Nicheur très commun en Angleterre, sa répartition s'étend sur tout le nord de l'Europe jusqu'à l'océan glacial.

En France, c'est depuis une dizaine d'années un nicheur très rare.

Il a colonisé quelques sites comme le lac Léman, et plus récemment la Loire Atlantique, mais toujours en très petit nombre.

Par contre, dès la fin de l'été, nous pouvons le voir en très grand nombre dans nos baies et estuaires.

A cette période de l'année, il fréquente autant le rivage marin que l'intérieur des terres

Goéland railleur (en haut)
Goéland d'Audouin (en bas)

et se plaît surtout dans les zones de polders, où les terres grasses lui offrent à profusion toute sorte de vers, crustacés et insectes et même céréales qu'il ne dédaigne pas.

Le goéland railleur
Larus genei

C'est en Camargue en parcourant les étendues immenses, plates, parmi les lagunes ou les îlots couverts de salicornes qu'on peut avoir la chance d'apercevoir ce bel oiseau.

Sa taille est celle d'une mouette rieuse, avec laquelle il est souvent associé.

Son allure est cependant différente, sa silhouette plus élégante.

Durant la saison de nidification, les adultes ont la tête blanche, le bec mince, assez long d'un rouge sang, la poitrine et le ventre teintés d'un rose délicat.

Le nid, plus élaboré que chez les autres goélands, a sa cuvette intérieure garnie de fétus de paille et de petites plumes, et le pourtour est constellé de fientes.

Les petits restent au nid beaucoup moins longtemps que chez les autres espèces ; dès qu'ils savent se tenir debout, ils sont conduits à la lagune la plus proche par les parents, guidés par leurs appels.

Hésitant entre la mer et l'intérieur, il se plaît dans ce milieu qui n'est pas tout à fait la terre, ni tout à fait l'eau.

Il se nourrit exclusivement de petits poissons pêchés souvent à la manière des sternes en plongeant de quelques mètres, ou en nageant à la surface des lagunes, le cou incliné vers l'eau, se saisissant d'un vif coup de bec des poissons passant à sa portée.

Le goéland d'Audouin
Larus audouinii

De tous les goélands, c'est celui dont la distribution géographique est la plus réduite ; habitant seulement le pourtour de la Méditerranée, ses effectifs ne dépassent guère les 4000 couples.

Son identification n'est pas très aisée ; de taille intermédiaire, entre le goéland cendré et le goéland argenté, il a la silhouette et la grâce du goéland railleur ; il en diffère cependant par le dessin caractéristique du bec (l'adulte porte une barre noire transversale à l'extrémité de celui-ci) et par le triangle noir de l'extrémité des ailes sans limite précise avec le reste gris. Les pattes sont gris vert.

Oiseau pélagique à l'égal de la mouette tridactyle, son existence se déroule en haute mer. Strictement piscivore, il capture ses proies en nageant à la surface de l'eau ou en plongeant de faible hauteur.

La fin de l'hiver le voit revenir vers ses colonies de nidification situées sur les îlots, plus rarement sur la côte même (Grèce) où il est à l'abri de la prédation du goéland argenté qui ne le tolère guère.

Le goéland bourgmestre
Larus hyperboreus

Nichant dans l'extrême nord de l'Europe, à la limite des glaces de l'Islande jusqu'au détroit de Bering, il passe l'hiver sur le pourtour de la mer du Nord.

Cet oiseau ne fait que de brèves apparitions en Fance, surtout les jeunes plus enclins au voyage.

Ils sont alors revêtus d'un plumage où s'entremêlent le brun pâle et le blanc ; l'énorme bec rose à pointe noire et leur taille supérieure les distinguent alors des jeunes goélands argentés avec lesquels ils se trouvent souvent, se comportant et vivant comme eux de rapines et déchets de toutes sortes glanés çà et là dans les ports.

Les adultes ont le dessus du corps et les ailes d'une couleur grise très pâle, le reste est blanc.

Solidement campé sur de robustes pattes rosées, l'allure et la stature rappellent le goé-

Goéland bourgmestre (en haut à gauche)
Goéland à ailes blanches (en haut à droite)
Mouette rieuse (en bas)

land marin.

L'impression de force qui s'en dégage le fait craindre des autres espèces, ne lui cherchant pas querelle.

Le goéland à ailes blanches
Larus glaucoides

C'est à titre d'exception que nous parlerons de cette espèce.

Très rarement observé en France, il se reproduit dans l'arctique canadien et sur la côte est du Groënland.

Ce n'est qu'à la faveur d'une période de mauvais temps ou de tempête exceptionnelle sévissant l'hiver sur l'Atlantique nord, que quelques oiseaux trouvent asile dans les ports de l'extrême pointe de la Bretagne.

On les distingue d'emblée par un plumage gris pâle et blanc immaculé, du moins chez les adultes, de taille semblable aux argentés, le cou un peu moins long, la tête plus ronde.

La livrée des jeunes est « café au lait », entremêlée de brun, jaune délavé, blanc et gris.

Le bec est couleur chair avec la pointe noire. Leur comportement est identique à celui de l'argenté.

La mouette rieuse
Larus ridibundus

C'est de loin l'espèce de Laridé la plus abondante; mais contrairement à l'image qu'on a de « la mouette oiseau de mer », c'est un oiseau, du moins en France qui se reproduit surtout sur les rives des grands étangs et marais intérieurs.

Espèce facilement reconnaissable en été avec son capuchon brun chocolat et ses pattes rouges, l'hiver en revanche, sa tête devenue blanche avec un point noir derrière l'œil, elle est confondue avec plusieurs autres espèces au plumage similaire.

Sa taille est moyenne, d'une longueur de 40 cm pour une envergure de 1 m. Le dessus du dos et des ailes bordées d'une frange noire est gris cendré, la queue est blanche.

Au début du mois d'avril, elles regagnent les étangs, cours d'eau lents, marais inondés, où elles établissent leurs nids sur des touffes de carex ou des bancs de sable.

Oiseaux grégaires, les nids sont serrés les uns contre les autres permettant une meilleure défense contre les prédateurs de toutes sortes.

Cet oiseau omnivore se régale de tout ce qu'il rencontre de comestible sur son chemin, vers, larves, insectes, têtards et consomme aussi beaucoup de graines de céréales comme le maïs et le blé.

Partout, sa population s'accroît de plus en plus.

La mouette tridactyle
Rissa tridactyla

Elle est l'oiseau de mer par excellence, passant par an 9 mois de sa vie en haute mer, et ne venant à terre que pour assurer sa reproduction. Petite, gracieuse dans ses proportions, elle a un manteau gris ardoise, les ailes se terminant par un triangle noir; les pattes sont également noires, le bec plutôt petit est jaune verdâtre.

Le marin du chalutier est plus familiarisé avec cette mouette que le terrien.

En effet, elle suit en troupes compactes les navires de pêche, en quête de menus déchets qu'elle picore à la surface.

Souvent elle plonge s'immergeant presque entièrement pour se saisir d'un petit poisson. En février, les adultes retournent aux emplacements des colonies auxquelles ils sont très fidèles, années après années.

Le nid, accroché à la moindre aspérité des falaises côtières ou des îles est constitué de varech glané en mer, de brins d'herbes arrachés au sommet des falaises; le tout amalgamé avec de la boue et des fientes adhère solidement à la paroi et permettra au couple d'élever deux poussins.

La mouette pygmée
Larus minutus

Point n'est besoin d'être devin pour comprendre qu'il s'agit là du plus petit des représentants des Laridés.

Minuscule par la taille (si on la compare aux

autres mouettes ou goélands), à peine l'envergure d'une sterne, elle en a la couleur; le dessus gris perle, la tête complètement noire l'été comme le dessous des ailes à l'extrémité beaucoup plus arrondie que chez les autres mouettes.

Sans être vraiment rare, elle n'est jamais commune sur nos côtes; la meilleure période pour l'observer est le mois d'octobre quand les oiseaux ayant niché des marais de Hollande jusqu'au Danemark, descendent en suivant la côte pour aller jusqu'au Maroc où certains passeront l'hiver.

D'un vol léger, papillonnant, la mouette pygmée se nourrit à la manière des guifettes en effleurant la surface de l'eau pour saisir les insectes et petits poissons, algues et zooplancton.

Les jeunes se distinguent aisément des adultes par un double V noir barrant le dessus des ailes et l'extrémité de la queue légèrement fourchue.

La mouette mélanocéphale
Larus melanocephalus

Sur le sable gris de la plage, à marée basse, une centaine de mouettes rieuses dorment le bec sous l'aile; l'approche d'un promeneur leur fait relever la tête, quelques-unes ont déjà le capuchon brun du plumage nuptial. Un individu semble pourtant différent: il est légèrement plus grand, le capuchon d'un noir pur descend jusque derrière la nuque, le bec rouge foncé avec une barre noire à l'extrémité est plus fort. Le danger se précisant c'est l'envol général.

Cet individu a l'extrémité des ailes d'un blanc pur et non bordé de noir comme les rieuses, son vol paraît également plus lourd, ses battements d'ailes plus calmes: c'est une mouette mélanocéphale.

Oiseau méditerranéen, ses plus proches sites de reproduction se situent en mer Noire et en Grèce avec toutefois une dizaine de couples reproducteurs en Camargue.

Cet oiseau n'est pas exceptionnel en Bretagne. Régulièrement, la nidification terminée, quelques centaines d'individus parviennent juqu'au côtes atlantiques et y séjournent durant toute la mauvaise saison, en compagnie des mouettes rieuses.

En cette période, il est alors très difficile de les distinguer les unes des autres, tant leur aspect et plumage présentent de similitudes.

Les Sternes
(Ordre des Charadriiformes, famille des Laridés)

Parentes des mouettes et goélands, elles forment un groupe à part.

Le corps est svelte, les grandes ailes fines et allongées rendent le vol souple et léger (d'où leur nom «d'hirondelles de mer»).

Le bec et les pattes sont généralement la seule marque de couleur chez l'oiseau (rouge, noire ou jaune), le reste du corps étant blanc ou gris.

Les oiseaux sont parmi les plus grands migrateurs du monde, passant d'un hémisphère à l'autre au cours de l'année.

Elles se nourrissent de poissons qu'elles capturent par un foudroyant piqué après avoir repéré leur proie par un vol stationnaire.

La sterne caugek
Sterna sandvicensis

Sa taille est proche de celle de la mouette rieuse. Le plumage des adultes est identique chez les deux sexes, plus blanc que chez la pierregarin. La queue est moins profondément échancrée, la tête porte un calotte noire descendant jusque sur la nuque et formant une

crête se hérissant lorsque l'oiseau est excité.

Le dessus du dos et des ailes est gris pâle avec un peu de noir au bout des grandes rémiges. Le bec noir à pointe jaune est long, fin et légèrement recourbé.

C'est la plus abondante des sternes en France. De 1967 à 1984, l'îlot de la Colombière à Saint-Jacut en accueille entre 150 et 400 couples par an, ce qui en fait une des plus belles colonies de Bretagne.

Son habitat exclusivement maritime la fait rechercher pour établir ses colonies des zones bien dégagées et plates sur les îlots rocheux, les plages de sable ou de galets le long des côtes. Les nids, relativement bien élaborés sont édifiés très près les uns des autres.

L'oiseau ne défend comme territoire que le nid lui-même, et l'espace jusqu'où peut porter son bec acéré.

Cette espèce très bruyante est signalée de loin par ses cris, surtout lorsque plusieurs oiseaux ont repéré des bancs de petits de poissons à la surface de l'eau (sprats, lançons)

Ils tournoient alors au-dessus et plongent en s'enfonçant parfois jusqu'à 1 mètre sous l'eau

La sterne pierregarin
Sterna hirundo

La pierregarin n'est guère difficile dans le choix du site où elle établira son nid. Ce sera un îlot proche de la côte, les berges d'un lac, la plage caillouteuse des rivages marins, ou les grands bancs de sable des deltas de fleuves, éventuellement un marais. Tout lui convient, à condition d'être tranquille et à l'abri des prédateurs.

Cette sterne, très communément répandue à travers l'Europe et bien ailleurs encore, est en somme le prototype de la sterne.

De taille moyenne, le dos gris blanc ainsi que les ailes avec une zone plus foncée vers la pointe (plus étendue que chez la sterne arctique), elle en diffère aussi par un bec rouge corail à pointe noire (et non entièrement rouge sang). Les filets de la queue sont également plus longs (sans toutefois atteindre la longueur de ceux de la sterne de Dougall).

Les pattes courtes ne permettent pas une marche aussi aisée que celle des mouettes ou goélands.

L'espace aérien est son domaine, et elle y évolue avec grâce et aisance.

Elle se nourrit exclusivement de poissons capturés après un spectaculaire plongeon en piqué, pouvant l'entraîner parfois à plusieurs décimètres sous la surface de l'eau.

La saison de reproduction terminée, elle regagnera par étapes successives les côtes de l'Afrique de l'ouest, faisant des haltes dans les baies et estuaires.

Elle y séjournera le reste de l'année, attendant le mois d'avril pour regagner à nouveau ses sites de nidification.

La sterne arctique
Sterna paradisaea

C'est la championne toutes catégories du plus grand trajet parcouru pendant la migration.

Cet oiseau peut nicher à la limite des glaces au Groënland et sur les grandes îles au large de la Sibérie, puis passer l'hiver après un voyage de plusieurs mois et de 18000 km, près de la banquise dans l'Antarctique dont les mers froides sont extrêmement riches en «krill», minuscules crevettes constituant alors la base de sa nourriture. Ressemblant comme une sœur jumelle à la pierregarin, elle en est souvent indiscernable dans la nature; du moins en automne quand adultes et jeunes sont en mue.

En été, on retiendra le bec rouge carmin sur toute la longueur (pas de pointe noire au bout), avec l'angle mentonnier un peu plus prononcé, la queue étant légèrement plus longue, et dépassant un peu du bout des ailes au repos; les pattes encore plus courtes se distinguent à peine lorsque l'oiseau est posé.

Mouette tridactyle (en haut à gauche)
Mouette pygmée (en haut à droite)
Mouette mélanocéphale (en bas à gauche)
Sterne caugek (en bas à droite)

Sterne pierregarin (en haut)▶
Sterne arctique (en bas)

Ses sites de nidification s'étendent sur tout le pourtour du nord de l'Europe, l'Angleterre en concentrant la plupart des colonies. En France, seuls quelques couples isolés se reproduisent occasionnellement çà et là sur les îlots en compagnie des sternes pierregarin.

La sterne de Dougall
Sterna dougallii

C'est sans aucun doute un des oiseaux marins les plus rares d'Europe.

Ses colonies, petites et disséminées en Bretagne et en Angleterre ne totalisent actuellemtn guère plus de 1 000 couples.

Elle n'a jamais atteint le nombre des autres sternes, et comme elles, c'est un oiseau très sensible au dérangement humain et aux prédateurs.

Arrivant assez tard de ses quartiers d'hiver elle voit souvent ses sites de reproduction occupés par les goélands argentés et n'a d'autres ressources que de quitter les lieux et s'établir en d'autres endroits plus précaires.

Plus marine que les autres sternes, elle préfère s'installer sur des îlots au large où elle trouve alors un peu de végétation. Souvent mêlée aux pierregarin et aux caugek, elle dissimule son nid sous la végétation herbacée.

Si l'îlot en est dépourvu, elle recherche un creux, une anfractuosité pour se dissimuler

Le comportement général est le même que chez les autres espèces, bien que cette sterne soit plus agressive.

Elle attaque quiconque pénètre sur le domaine de la colonie: oiseaux, mammifères, voire même l'homme.

parfois même entièrement.

Dans les colonies mixtes, il est bien difficile de la distinguer des autres espèces, de taille semblable.

Toutefois, son plumage est plus pâle, sa queue blanche aux longues rectrices médianes dépassant largement la pointe des ailes au repos, est plus profondément échancrée.

Enfin, le bec est noirâtre à base rouge, le vol est plus souple, les battements d'ailes plus amples.

A part ces caractères, leur mode de vie ne diffère guère, même comportement et même nourriture que les pierregarin.

Leur migration vers le sud se produit un peu plus tôt; dès la nidification terminée, les oiseaux ne s'attardent guère et les premiers s'en vont déjà début août pour passer l'hiver en pleine mer, au large des côtes de l'Afrique équatoriale.

La sterne naine
Sterna albifrons

C'est la plus petite sterne d'Europe.

Gracieuse, élégante, toujours très active, elle ne cesse de voleter sur place, soutenue par des ailes longues et fines, aux battements rapides. Elle virevolte sur place, plonge comme une flèche sur un poisson, rase la surface de l'eau comme un éclair et happe un insecte.

Infatigable de l'aube au crépuscule, ce n'est qu'à la faveur de la nuit qu'elle prendra un peu de repos, rassemblée avec d'autres congénères sur un banc de sable, au bord d'une rivière.

En France, elle niche le long des rivages marins ou pénètre à l'intérieur des terres en

suivant les cours lents des fleuves.

Elle choisit alors des bancs de sable, plages de galets, endroits dépourvus de végétation, dépôts de limon des fleuves, et il n'est pas rare qu'en période de crue, toute la colonie voit ses nids emportés par la montée des eaux. Le nid, simple dépression du sol à peine recreusée par la poitrine de l'adulte, parfois orné de quelques coquillages ou de débris végétaux, est prêt à recevoir la ponte.

En général il est établi fort loin du voisin, parfois quelques centaines de mètres.

Deux à trois œufs seront couvés assidûment, alternativement par le mâle et la femelle.

◀ Sterne de Dougall (en haut)
Sterne naine (en bas)

Sterne Hansel (en haut à gauche)
Sterne caspienne (en haut à droite)
Petit pingouin (en bas)

La sterne Hansel
Gelochelidon nilotica

De part la taille et la stature, cette puissante sterne fait plutôt songer à une mouette rieuse, comparée à ses cousines les autres sternes, fines et gracieuses.

Haute sur pattes, le bec très fort, la queue carrée, ces caractéristiques physiques et son mode de vie font qu'elle assure la transition entre les sternes et les mouettes. Il ne faut point la rechercher sur quelque îlot en mer, mais plutôt dans les lagunes et marais salants où elle établit ses colonies.

La proximité de l'eau lui est tout de même indispensable : ne serait-ce que pour y capturer les grenouilles, sangsues et vers constituant en partie sa nourriture.

Elle capture également en vol des insectes et libellules, pullulant dans les régions où elle se cantonne.

Elle niche à terre dans les endroits peu envahis par la végétation, où elle commence à creuser une cuvette avec sa poitrine pour la garnir de matériaux (brins de paille, morceaux de plantes etc...).

Guère tolérante à l'égard de ses congénères, la distance entre les nids est presque d'un mètre.

Seule région de France où elle se reproduit régulièrement, la Camargue. Bien que les zones qu'elle affectionnait soient transformées de plus en plus en rizières, la sterne Hansel y maintient ses effectifs autour de 200 couples.

La sterne caspienne
Hydroprogne caspia

Géante parmi les sternes, rare et disséminée un peu partout en Europe ; isolée sur un banc de sable, ou en groupe sur ses lieux de reproduction, elle ne passe pas inaperçue. Sa taille est pratiquement celle du goéland argenté. Son bec rouge vif énorme, à l'angle mentonnier très prononcé est une arme redoutable.

La couleur générale est celle des autres sternes : manteau et dessus des ailes gris perle, queue et dessous blanc, calotte noire se terminant en légère huppe sur la nuque. La pointe des ailes au repos dépasse largement la queue.

En dehors des rares sites de reproduction çà et là en Europe, surtout sur le pourtour de la mer Baltique et de la mer Noire, elle apparaît en passage migratoire sur le littoral français, surtout méditerranéen au mois d'août, en Camargue.

Son vol calme et puissant l'entraîne aussi bien au-dessus de la mer que sur les lagunes intérieures.

Malgré son régime constitué essentiellement de poissons capturés en plongeant ou en nageant, elle ne dédaigne pas quand l'occasion se présente se saisir d'un mulot ou autre petit mammifère.

Les Alcidés
(Ordre des Charadriiformes, famille des Alcidés)

Les pingouins (ne pas confondre avec les manchots de l'Antarctique) et espèces voisines sont des oiseaux pélagiques, ne venant à terre que pour nicher en immenses colonies mixtes (pingouins, guillemots, macareux).

Leur stature « debout » les distingue des autres oiseaux marins.

Le ventre est généralement blanc, le dos noir. Ce sont d'excellents plongeurs, capturant le poisson à une très grande profondeur. Les ailes sont petites, mais robustes, battant l'air à une cadence élevée.

La ponte d'un œuf a lieu directement sur la roche, sans apprêt.

Le petit pingouin
Alca torda

Le petit pingouin ou pingouin torda, autrefois familier des côtes rocheuses bretonnes en a presque disparu, victime comme dans d'autres pays des hydrocarbures déversés accidentellement à la mer.

Jadis, le marin pêcheur connaissait bien cet oiseau dodu, à la stature verticale, accroché le long des falaises, ou se suivant sur l'eau à la queue-leu-leu.

Le plumage est noir mat agrémenté d'une ligne blanche partant de l'œil jusqu'à l'extrémité du bec très fort, et comprimé latéralement; le ventre est blanc.

Il fréquente toutes les falaises du nord de l'Europe, mais sa principale population est concentrée dans les îles britanniques, accueillant encore 150 000 couples.

Dès le mois de février, il regagne sa colonie à même le rocher et est d'ailleurs très fidèle au site.

Il y déposera son œuf unique, piriforme et énorme par rapport à sa taille.

L'incubation terminée, le poussin âgé de quinze jours est laissé seul par les parents, qui se contentent de l'appeler du bas de la falaise.

Poussé par la faim, le jeune fait un grand saut dans le vide pour y rejoindre l'élément liquide qui sera sa seule patrie pendant trois ans.

Flottant, tels des bouchons, jamais très loin des côtes, les pingouins se nourrissent uniquement de poissons qu'ils poursuivent sous l'eau, s'aidant de leurs courtes mais puissantes ailes, leur servant alors de nageoires.

Le guillemot de Troïl
Uria aalge

Un peu plus grand que le pingouin torda, le guillemot de Troïl, avec sa livrée chocolat en diffère également par le bec effilé et pointu; il est aussi plus élancé.

Quelques oiseaux se distinguent par un cercle blanc autour de l'œil, se prolongeant par un mince trait zébrant la tempe. Plus on va vers le nord, plus cette variété est abondante. C'est un oiseau très sociable. De très loin, les falaises où il se reproduit semblent peintes en blanc, couleur produite par l'accumulation de ses fientes, année après année.

Dans les colonies, au mois de mai, la moindre aspérité, plate-forme, en accueille plusieurs dizaines, serrés les uns contre les autres le dos à la mer.

Les oiseaux couvent leur œuf unique, vert ou blanc parsemé de marbrures noires. Il repose sur les larges palmures des pattes, recouvert des plumes du bas ventre de l'adulte, ainsi isolé de l'extérieur.

Si tout se passe bien et qu'un envol précipité ne l'a pas fait choir dans l'abîme, il donnera naissance à un poussin tout à fait semblable à l'adulte, nourri de poissons par les deux parents.

L'oiseau grandit rapidement jusqu'au jour où pressé par les appels des parents, il devra lui aussi se décider à quitter les parois pour gagner son véritable domaine: la mer. En dehors de la saison de reproduction, les adultes mènent un vie vagabonde au grand large, et ce n'est qu'à l'occasion de fortes tempêtes qu'ils se rapprochent à nouveau des côtes.

Le macareux moine
Fraterucla arctica

C'est l'oiseau de mer le plus connu du grand public, après « la mouette ».

Sa silhouette rondouillette et son maquillage de clown le rendent tout de suite sympathique.

A la limite sud de sa répartition géographique, le macareux moine a bien failli disparaître de Bretagne à la suite des naufrages répétés de navires pétroliers.

A elle seule l'île Rouzic a connu une population florissante de 6000 couples et les quelques dizaines restant actuellement sont toujours à la merci d'une nappe de mazout.

Sa taille est identique à celle du petit pingouin.

Reconnaissable à sa grosse tête, surtout en vol, le bec est spectaculaire de par sa forme triangulaire et ses couleurs, bleu jaune et rouge. Son « œil maquillé » de noir et orange tranche au milieu de la face blanche. Le dos et les ailes sont noirs, les pattes vermillon.

A la fin de l'été, l'oiseau perd quelques-unes des plaques cornées composant le dessus de son bec.

Son mode de nidification est aussi très curieux.

Réuni en d'immenses colonies comptant plusieurs milliers de couples sur la côte et les îles, le macareux creuse à l'aide de ses pattes et de son bec dans le sol friable un tunnel d'environ deux mètres de long, se terminant par une petite loge à peine suffisante pour qu'il puisse s'y tourner.

Sur une litière garnie d'herbes et de plumes, il pond son unique œuf blanc.

Celui-ci sera couvé par les deux adultes, à raison d'un journée chacun pendant 40 jours.

Agé de six semaines, le poussin n'est plus nourri, car les parents regagnent alors leurs quartiers de mue.

Las d'attendre un jour, ou plutôt un soir, le jeune se décide à quitter le terrier et rejoint la mer où il est déjà apte à se nourrir seul.

Bibliographie

ARNHEM R.: *Oiseaux d'Europe.* Chantecler 1977

ATKINSON WILLES: *Effectif et distribution des canards marins dans le nord-ouest de l'Europe* (extrait du bulletin Aves 12-1975).

BLONDEL J. ISEMAN D. *Guide des oiseaux de Camargue* Delachaux et Niestlé — Neuchâtel Paris 1981

BRIEN Y.: *Statut actuel des oiseaux marins nicheurs en Bretagne* Ar Vran tome III Fasc. 4 1970

CRAMPS S. BOURNE W.R.P SAUNDERS D. *Seabirds of Britain and Ireland* Collins 1974

DIF G. VALLIERS Y. *Les oiseaux de mer* Hatier 1981. *Les oiseaux de mer* Arthaud 1982

DORST J. *Les oiseaux dans leur milieu.* Rencontre Lausanne 1971

GEROUDET P. *Les palmipèdes* Delachaux et Niestlé Neuchatel 1979

GEROUDET P. *Grands échassiers, gallinacés, râles d'Europe* Delachaux et Niestlé Neuchatel 1978.

GERAUDET P. *Linicoles, cangas et pigeons d'Europe* (tomes 1-2) Delachaux et Niestlé Neuchatel 1982-1983

HAMMOND N. EVERETTE M. *Birds of Britain and Europe* Pand Books LTD 1980

HENRY J. MONNAT J.Y. *Oiseaux marins de la façade atlantique française* S.E.P.N.B. 1981

JONIN M. THOMAS A. *Annuaire ds réserves bretonnes et normandes* S.E.P.N.B. et G.O.N.1983

KONIG C. *Oiseaux d'Europe* Tome 2-3 Hatier 1968

MONNAT J.Y. *Histoire et géographie des oiseaux nicheurs de Bretagne* S.E.P.N.B AR VRAN Ministère de l'Environnement et du cadre de vie, directionde la Protection de nature — Paris 1980.

PETERSON R. MOUNTFORT G. GEROUDET P. *Guide des oiseaux d'Europe.* Delachaux et Niestlé Neuchatel 1967

PRIEUR D. *Les réserves du Massif armoricain* S.E.P.N.B. 1980

PRIEUR D. BOURGAUT Y. *Connaître et reconnaître les oiseaux de mer* Ouest France 1981

ROBINS. BRUUN B. ZIM S. SINGER A. *Guide des oiseaux d'Amérique du NOrd.* Delachaux et Niestlé Neuchatel 1980

READE W. HOSKING E. *Les oiseaux, leurs œufs, leurs nids* Nathan 1968.

SHARROCK J.T.R *The atlas of bruding birds in Britain and Ireland* British trust of Ornithology Trind 1976

THIBAULT J.C. et GUYOT Y. *Répartitionet effectifs des oiseaux nicheurs en Corse* L'oiseau et la revue française d'ornitologie 1981

YEATMAN L.J. *Histoire des Oiseaux d'Europe* Bordas Paris 1971

YEATMAN L.J. *Atlas des oiseaux nicheurs de France* Société ornithologique de France Ministère de la qualité de la vie et de l'environnement 1976

YESOU P. BOURGAUT Y. *Hivernage de l'oie rieuse en baie du Mont Saint-Michel* Pen ar bed volume 12 n°103-12-1980

YESOU P. BOURGAUT Y. *La réserve de la Colombière.* Pen ar bed volume 12 n° 100 3-1989

Guillemot de Troïl (en haut)
Macareux moine (en bas)

TABLE DES MATIÈRES

Plongeon imbrin	6
Pétrel fulmar	8
Fou de Bassan	9
Grand cormoran	9
Cormoran huppé	9
Cygne tuberculé	11
Cygne sauvage	11
Cygne de Bewick	14
Oie cendrée	14
Oie rieuse	16
Oie des moissons	16
Bernache cravant	16
Bernache nonnette	18
Tadorne	18
Colvert	20
Sarcelle d'hiver	20
Canard siffleur	20
Nette rousse	21
Morillon	21
Macreuse noire	21
Eider	21
Harle huppé	23
Harle bièvre	23
Harle piette	26
Huîtrier pie	26
Courlis cendré	28
Courlis corlieu	28
Barge à queue noire	28
Barge rousse	29
Avocette	29
Echasse	29
Chevalier gambette	29
Chevalier arlequin	31
Chevalier guignette	31
Chevalier cul blanc	33
Chevalier sylvain	33
Chevalier combattant	33
Chevalier aboyeur	35
Bécasseau variable	35
Bécasseau maubèche	35
Bécasseau minute	38
Bécasseau sanderling	38
Bécasseau cocorli	38
Bécasseau violet	40
Bécasseau de Temminck	40
Bécasseau tacheté	40
Bécasseau rousset	41
Pluvier argenté	41
Pluvier doré	41
Pluvier guignard	41
Grand gravelot	43
Petit gravelot	43
Gravelot à collier interrompu	43
Tournepierre à collier	46
Goéland argenté	46
Goéland brun	48
Goéland marin	48
Goéland cendré	48
Goéland railleur	50
Goéland d'Audouin	50
Goéland bourgmestre	50
Goéland à ailes blanches	52
Mouette rieuse	52
Mouette tridactyle	52
Mouette pygmée	52
Mouette mélanocéphale	53
Sterne caugek	53
Sterne pierregarin	55
Sterne arctique	55
Sterne de Dougall	58
Sterne naine	58
Sterne Hansel	60
Sterne caspienne	60
Petit pingouin	60
Guillemot de Troïl	61
Macareux moine	61

© 1985 - SECALIB — I.S.B.N. — 2.86797.015.6 — Dépôt légal : Mars 1985 — 015.01.09.03.85
Imprimé, composé et photogravé en France
Prix public à la parution en France continentale : 35 F   -   Imprimé par Raynard à La Guerche-de-Bretagne
Façonné par Mécanic-Brochage à Evreux